Círculo Rojo

El viaje de mi vida a Senegal

El viaje de mi vida a Senegal

Manuela García Cano

Círculo Rojo
EDITORIAL

Primera edición: agosto 2023

Depósito legal: AL 1838-2023

ISBN: 978-84-1189-541-5

Impresión y encuadernación: Editorial Círculo Rojo

© Del texto: Manuela García Cano
© Maquetación y diseño: Equipo de Editorial Círculo Rojo
© Ilustración de cubierta: Ana Tejedor, Círculo Rojo

Editorial Círculo Rojo
www.editorialcirculorojo.com
info@editorialcirculorojo.com

Impreso en España — Printed in Spain

Introducción

Esta historia está basada en hechos reales; por ello, lógicamente, los nombres de sus protagonistas han sido cambiados, para mantener su privacidad. Todo lo narrado en estas páginas es cierto, un viaje de once días a Senegal, en concreto a la Baja Casamance, un lugar hermoso, al igual que sus gentes, siempre con su sonrisa y los brazos abiertos para recibirte con su hospitalidad. En él conocí a mi nueva familia, a mi ahijada Awa, y pude ver las condiciones de vida tan duras que les ha tocado vivir. Mientras estuve allí no me faltó de nada, compartimos, reímos juntos, fui a lugares singulares, Ziguinchor, allí estaba toda la actividad comercial de la zona. Y fue allí donde encontré la paz interior que me faltaba. Quedé enamorada y mi viaje no fue vacacional, fue para vivir en familia, conocí a la gran familia al completo, solo faltaba una persona. Allí, suelen vivir en casas grandes todos juntos, hay muchas habitaciones. Por eso la gran familia. Si mi salud me lo permite, quisiera regresar a esa tierra roja que se introduce en tu cuerpo y ya forma parte de tus venas. Hay algo más poderoso que tú y quedas impregnado de todas las vivencias y llegas a sentirte senegalesa, eso me ocurrió a mí.

Manuela García Cano 25/07/2021

Agradecimientos

A mi familia de acogida, a la gran familia de Loudia Ouoloff, que me recibieron como si fuera una reina, al país de Senegal y sus habitantes por hacer mi estancia tan especial como los son ellos y su *teranga* senegalesa, fueron los mejores once días de mi vida. Por su amor desinteresado, su entrega, preocupación, asegurarme la salud, por ser una más de ellos, porque tienen poco y lo comparten todo, por sus sonrisas. Por toda la red de familia incluida en mi seguridad, no dejándome en ningún momento sola. A la familia de Aya y a él mismo, pues sin su ayuda este viaje no hubiera sido posible. Os quiero. Ya tengo una nueva familia para siempre. Gracias. *Dieuredieuf* ('Gracias', en wolof).

Manuela García Cano
16/09/2021

Proverbio wolof

Faya narbi khorom si.
Es de bien nacido ser agradecido.

Esta historia se remonta al principio del año 2018. Yo ni siquiera sabía por aquel entonces que, un día, mis pies pisarían tierra senegalesa, que se convertiría en mi segunda tierra acompañada de una nueva familia. Pero hasta llegar a ese punto hubieron de ocurrir muchas cosas. Mi vida entera saltó por los aires en el año 2014. Un año aciago; por un lado, un tiempo de reconstrucción; por el otro, con implicaciones personales y laborales, así como la aparición de un nuevo amor. Sin estos ingredientes nunca hubiera ocurrido este afán por conocer esa tierra y, por ende, a mi ahijada Awa, aunque llegados a este punto, voy a comenzar por el principio.

El año 2014 lo puedo definir como el de la locura, jamás pensé que fuera a acabar así, roto, al igual que las vidas involucradas, aunque el destino me regaló el amor de mi vida, entonces.

Casada, se podría decir toda la vida, veintiocho años, madre, ya en el primer año de matrimonio con veintitrés, cuando tenía que haber comenzado a vivir, un embarazo truncó todos los planes y, cosas de la vida, vinimos a vivir a Barcelona.

Camarero de profesión y con trabajo estable, aunque de temporada en las islas Baleares, por amor a ese hijo que venía en camino nos hizo plantearnos darle una estabilidad familiar y no estar separados, las parejas no funcionan si no se ven durante tiempo, es importante la cercanía y para un hijo más. Estabilidad era la situación que buscábamos para los tres.

En Barcelona encontró un trabajo en una coctelería que acababan de abrir, el jefe del marido de su hermana le recomendó. Recogió sus bártulos y se fue a probar fortuna. Mientras tanto, nuestro hijo crecía en mi vientre ajeno a la situación. Su padre no lo vio nacer.

Lo tuve sola, recuerdo que me agarraba con fuerza a la mano de la enfermera, me sentía sola y con una gran responsabilidad, que mi hijo naciera bien, allí en el último empujón de la extenuación apareció su cabecita llena de cabellos negros, le siguió el cuerpo, era un varón. No se dejó ver en las ecografías y fue una sorpresa, yo deseaba una niña, pero no importó; al ponérmelo en mi pecho pude ver sus ojitos achinados cómo miraban los míos. No hay cosa más grande que dar vida.

En este tiempo tan extenso de mi vida, voy a ser muy breve. Nuestro matrimonio nunca fue bien, me casé con la primera persona que me puso los ojos tiernos y me daba cariño, algo importante que yo valoraba mucho, del cual carecía a nivel maternal. He de decir que me casé enamorada, pero no nos conocíamos en realidad. Eso ocurrió al venir a vivir nuestra propia vida juntos. Al otro lado de la Península, cuando me encontraba sola, quiero decir, sin mi familia. Provengo de las llamadas familias numerosas, éramos siete hermanos, cuatro mujeres y tres varones, más padre y madre, nos juntábamos nueve personas.

Siempre conviviendo en compañía, aunque durante ese tiempo, había peleas, pero nos queríamos mucho, estábamos muy unidos y nos defendíamos entre nosotros. Luego el devenir de las cosas y las decisiones personales nos separaron, ya en una edad adulta. Echaba de menos a mis hermanos, padre e incluso a ella, mi madre, la cual no me dio buena vida.

Entonces ya trasladada a mi nueva morada, con mi esposo y mi pequeño, fue allí cuando realmente comencé a conocerle. Se descubrió un hombre machista, inmaduro, egoísta. Toda esta parte no la conocía y me di cuenta de mi error, no nos conocíamos y el amor no lo puede todo.

Después de tan larga convivencia, llena de vicisitudes, discusiones, con dos hijos, ya, pues diez años después de tener al primero, hubo como un repunte de amor, en nuestra vida de pareja existieron muchos altibajos y en aquel entonces deseábamos tener una niña, pero fue varón, encantada con él, mi querido pequeño. Trajo a nuestra familia mucha luz.

Pero el amor se fue muriendo, existía por mi parte un miedo a su reacción ante la palabra divorcio, pero yo no podía más, mis hijos tampoco. Era una persona agresiva y no podías razonar con él, aunque tomé valor y se lo dije: «Ya no te quiero, me voy a divorciar». En ese momento un gran peso desapareció de repente, pero se encargó de que el divorcio no fuera amistoso como era mi deseo, sino traumático. No aceptaba ni respetaba mi decisión. Aguanté, aguantamos, mejor dicho, todas las vilezas que se le ocurrieron para hacer daño, emergió lo peor de él. Lógicamente esta situación antes o después tenía que tener un fin y un día llegó la resolución del Juzgado de Familia, instando a que se marchara del domicilio familiar. Nuestros hijos se quedaron a vivir conmigo, para él supuso toda una ofensa y para nosotros llegó la tranquilidad, la paz y la libertad.

Como llegaron después las dificultades, puedo decir que las hemos visto de todos los colores, pero me estoy adelantando a la historia. Durante el tiempo que duró la tramitación y resolución del divorcio, conocí a, más bien era un alumno del lugar donde trabajaba. Él se fijó en mí y un día me pidió quedar cuando saliera del trabajo, para tomar algo por el barrio. Le dije que sí, quería conocerlo un poco más. Fuimos a una cafetería que había por unas calles adyacentes, fuera del bullicio de la gran avenida. Allí conversamos, él era senegalés. Un hombre fuerte, de mi edad y vivía en Barcelona desde hacía siete años. Vi cómo me miraba con el tiempo, sabía que sentía por mí algo más que una amistad.

Las mujeres sabemos eso. En esa época me ayudó mucho en el transcurso del largo divorcio, me escuchaba, se preocupaba, siempre estaba ahí para mí y como no podía ser de otra manera, nos enamoramos.

Fue un amor como nunca viví, me enamoré de ese hombre hasta los tuétanos, fue poco a poco, pero arrasó mi corazón, lo llenó de vida y le hizo latir, sentir ilusión, soñar y amarle cuando nunca supe qué era «eso», yo estuve enamorada antes, pero esto era algo superior, le amaba, lo daría todo por él. De hecho lo hice, un amor tan grande es como una droga, y mi divorcio quedó olvidado, solo me importaba él y mis hijos.

He de decir que él también se enamoró por primera vez, después de tres relaciones y tres hijos, pero no se llegó a casar con ninguna. Era, pues, un hombre libre sin ataduras y yo que confiaba en él, me lo creí. Yo sí que era libre, no dudé de él, ¿por qué iba a hacerlo? Si confiaba con los ojos cerrados.

Nunca amé hasta que le encontré y a él también le pasó, enamorarse, esto no lo esperaba. Fue un amor loco en el tiempo que duró, tres largos años. Me enamoré «hasta las trancas»; esto me lo decía mi amiga del alma Blanca. Había cosas que no entendía de su comportamiento y secretos. Le di toda mi confianza, nunca fui tan entregada con ningún hombre y con él aprendí algo que nunca me ocurrió, que fue amarle, a pesar de todo, con todo.

Lo sabía todo de mí; sin embargo, de él yo poco sabía, solo lo que me quería contar. Era/es un hombre de pocos recursos económicos y yo me sentía responsable de él. Por la pena, porque le quería y me dolía verle en esa situación. Aunque la mía estuviera también en la cuerda floja. Vinieron tiempos de ausencias, por los meses de noviembre, diciembre, incluso enero.

Se iba a su país, Senegal, según él, por su madre, que ya era muy mayor y mientras viviera él quería verla, aunque en este primer viaje declaró estar enamorado de mí y preguntó si podía prestarle el dinero de los pasajes y me lo devolvería en cuanto trabajase. Añadió que tampoco soportaba el frío de Barcelona. Allí en su tierra hacía calor.

Ese tiempo en que me dejaba sola, lo pasaba fatal y, aunque hablábamos casi cada día por teléfono, no era lo mismo, ya que me dolía el corazón. Estar tanto tiempo separados no era bueno para nuestra relación. No le importaba si yo sufría o no, hacía lo que quería.

Un día que fuimos a la montaña juntos en mi coche, había un pantano y allí me habló de un amigo de nombre Aya; él hablaba en su dialecto, el wolof, yo no me enteraba de nada. Y en un momento me preguntó: «¿Quieres ser madrina de Awa. la hija de mi amigo?». Siempre quise tener una niña, ¿pero qué iba a hacer yo por ella si se encontraba a 4000 kilómetros de distancia?

Él me dijo que casi nada, felicitarla en su cumpleaños y preocuparme por ella. A mí, la verdad, me hacía ilusión, o sea, que le dije que aceptaba. Ya era una madrina, no sabía entonces las repercusiones que tuvo este acto en mi vida. Su papá y yo hablábamos con frecuencia y ahí comenzó nuestra amistad, que ya dura siete años.

La relación de pareja no iba bien, cambió a la vuelta de su primer viaje a su tierra. Estuvo solo dos meses, pues le dije que no aguantaría tanto tiempo sin él; además, yo le había pagado el pasaje. Cuando no estaba él, mi vida no tenía sentido, lo pasaba mal y eso no parecía importarle. Cuando regresó, vine a su encuentro donde siempre nos veíamos en Fabra i Puig.

Cuando le vi que llegaba al mismo tiempo que yo, arranqué a correr para darle un abrazo y estrecharle entre mis brazos, pero me cortó, no me dejó abrazarle, ni tocarle, yo no entendía nada. «¿Qué pasa?», conseguí decir. A lo que respondió que esos gestos de amor entre dos personas en plena calle no estaban bien y que qué pensarían los niños. Me quedé con la boca abierta, ante lo absurdo de su comentario. «No hay nada de malo en eso, es expresar sentimientos». Pero se cerró en banda y allí comienza la amputación de mi sentir e instintos naturales con respecto al amor. Eso me dolía tanto que mi alma lo acusó. Era una forma de sometimiento y maltrato psicológico. Por ello y por otras muchas razones de peso, como llegar a pensar que estaba casado y él decía que no, que nunca lo hizo. Aun amándole le dejé, después de tres años. Me hacía sufrir estar con él. No entendía, no quería escucharme, esto es lo que hay. Me conformé con lo que no quería y me estaba muriendo por dentro.

Era lo que tenía que hacer, por mi bien. Aunque lo pasé fatal durante largo tiempo. Hay hechos y palabras que pueden hacer tanto daño que los arrastras durante mucho tiempo, no sueltas, ni dejas ir y te acabas haciendo daño a ti misma. Superarlo me costó mucho, pero el dolor que me causó se quedó impregnado en mi corazón. ¡¡Cuánto le quería!! No entendía su proceder ante mí, la persona que más hizo por él y que se lo dio todo. Me trató como si no fuera una persona, ni se sinceró conmigo. Era lo menos que debía hacer.

Desde luego huella le dejé, pues nunca conoció a una mujer como yo, además era la primera vez que se había enamorado. Nuestra historia quedó inconclusa. Nunca sabrá el daño que me hizo y luego el que me hice yo. Dejamos esta etapa, aunque era necesario contarla, someramente, para entender lo que vendría después.

A raíz de cortar con él, no me quedé en casa a llorar en el sofá, lloraba mucho, pero quería vivir y encontré hablando con otras personas el Camí de l'Arc, un lugar situado en la Ronda de Sant Pere, allí tocaban música africana en directo y podías tomarte una bebida a un precio aceptable. Aquello era otro mundo, la música en directo, sus sonidos tribales y bailar, bailar, hasta caer agotada. Conocer gente; además, era un lugar acogedor, pero ellos aún lo eran más.

Desde que llegué allí no me faltaron pretendientes, yo no quería nada de eso, de momento, solo distraerme. Los sábados eran maravillosos, deseaba que llegaran con muchas ganas. Estaba relativamente cerca de casa e iba caminando. Comenzaba sobre las doce de la noche, la hora de la Cenicienta.

Y sus ritmos me llevaban a África, sus instrumentos musicales, el jembé, la kora, la calabaza, el xilófono, paisanos de aquel país bailando sus danzas, no podías no bailar, me convertí en la reina del escenario. Además, eran conocidos en sus países y en España como buenos músicos y, en sus tierras, ídolos. Nunca debieron cerrarlo, pero la acritud de un vecino al que le molestaba la música, pues el bar no estaba insonorizado, les amargó la existencia con las llamadas a la Guardia Urbana y las multas que les caían de cantidades importantes sobre el ruido eran impagables y la necesidad de terminar se impuso. Son personas fuertes y ya encontrarían otro lugar donde expresar su arte, los que más lamentábamos su cierre éramos sus seguidores blancos.

Allí hubo historias personales y comunión con el lugar, al que tuvimos que decir adiós, pero al menos yo intenté seguirlos a otros lugares, pero ya no tocaban juntos muchas veces, sino separados y en lugares mucho más lejanos para mí, pues iba a ellos sola.

El local finalmente se cerró debido a la imposibilidad de hacer frente a las sanciones y no tenían dinero para insonorizarlo por su elevado coste. Como un solo vecino que se quejó pudo hacer cerrar un negocio floreciente ante sus reiterativas llamadas a la Guardia Urbana, sobre el ruido que no le dejaba dormir, y su plan se consumó. Adiós al negocio. Me dio pena que lo cerrasen, pues el grupo de música se disgregó y no había otro lugar donde estuvieran todos.

Por otro lado, era bueno para mí, pues estar allí en su compañía era una forma de no olvidarle y que siempre estuviera presente. Sólo tenía ojos para los hombres negros, los de mi raza no me llamaban la atención, no conocía a nadie que mereciera la pena. Llevaba en mis venas a África y Senegal, ellos eran muy distintos a nosotros. Añoraba toda la primera parte del enamoramiento, lo que pudo ser y no fue. Nuestra historia quedó inacabada, sin darle sepultura definitiva, pues no pude hablar abiertamente de cara a cara con él y quedaron muchas cosas por decir. Después de este parón en mi vida y de perderme un poco, pues acabé haciendo cosas que no hice en mi juventud, locuras, aventuras, pero todo ello tenía que acabar, yo así lo sentía y así fue.

Encontré trabajo de conserje en una finca de la zona alta. Encerrada en una caseta de madera, me aburría que no veas, bien es cierto que estaba tranquila e incluso podía leer, pero no me llenaba. Soy una persona que necesita hacer varias cosas diferentes y nutrir mi conocimiento, además de relacionarme con otras personas. Aquí, si gustaba a los vecinos, podía jubilarme allí. El horario era lo peor, partido y estaba muy lejos, o sea que no tenía tiempo para nada. Por eso cuando me llamaron de este proyecto medioambiental del Ayuntamiento de una duración de un año, no lo dudé ni un instante.

Quería ese trabajo, pero cuidado con lo que deseas, pues no tenía por que ser mejor. Así que me despedí de la otra empresa y puse mi destino en manos de una empresa y proyecto que parecían ser importantes de cara a la sociedad, por el tema de los residuos, tratamiento, selección, contenedores, reciclaje, cacas de perro, palomas y un largo etcétera de campañas de concienciación al ciudadano de a pie, así como a empresas, una vez que hubimos comenzado, el grupo de 100 personas escogidas para los cinco distritos de Barcelona.

Este trabajo consiguió tener importancia en mi vida mientras duró y llegó a su fin. He de decir que no he encontrado mejores compañeros que los de Horta-Guinardo y Nou Barris, trabajábamos en la misma unidad, pero cada uno su zona. Lo cierto es que para realizar esta tarea tan dura físicamente y en condiciones ambientales y de terreno geográfico adversas, hacía falta mucho humor, paciencia, aguante y ser una piña en equipo. Además, añado, como coletilla, ser joven. El trabajo en equipo y llevarse bien, importante para no derrumbarte, ya que los primeros que estaban ahí para evitarlo eran ellos.

Desde el principio estuve muy contenta y orgullosa de que me llamaran, era una baja, me quedaba el año completo. En comercios, trabajo mejor y no tan duro. Luego estaba Ciudadanía, que también estaba presente en los cinco distritos de Barcelona.

Era para mí un reto, algo nuevo y con un sentido hacia los ciudadanos y comerciantes para concienciarlos sobre los residuos y su capacidad para adaptarse a las buenas prácticas y construir un planeta más limpio y transformarlo, ya que esto último estaba en las manos de todos. Reconfortaba que tu empleo tuviera repercusiones a este nivel en la actitud de los usuarios.

Durante el primer mes de contrato, que era de prueba, estuve trabajando con una compañera, en el grupo de comercios. Como ya dije, era el mejor trabajo y te sentías bien conversando sobre cómo ellos reciclaban los residuos, si era la forma correcta o no. Si era que no le dábamos toda la información y las pautas a seguir y después hacíamos un seguimiento, con varias visitas posteriores. Nos daban una zona y teníamos que barrerla. Por supuesto teníamos un listado de los comercios que teníamos que visitar y hablar con el gerente, jefe o encargado.

Sobre todo, eran fruterías, bares, restaurantes o cualquier comercio que generase residuos. El cartonaje era otro de los pilares fundamentales de nuestro trabajo. Cómo o dónde dejarlo, siempre plegado y si era posible dentro de una caja para que no volasen o acciones incívicas. Lo cierto es que era un mundo desconocido para muchos incluso nosotros y había que educar.

Así que nos denominaron informadores ambientales o, como nos acabó conociendo la ciudadanía, «los de verde ambiental», esto era por nuestro uniforme. Nunca íbamos solos, era en pareja, normalmente chico/a, a veces coincidía del mismo sexo.

Al principio me designaron con un compañero que era mayor y con este año de trabajo ya se jubilaba. Lógicamente no iba a matarse trabajando, estuve un tiempo con él, era amable. Aunque la empresa solía cambiarte de pareja de vez en cuando, a ver cómo resultaba el tándem, por trabajo y resultados. Después mi segunda pareja, también masculina, este compañero era un encanto de hombre, comprensivo y te encontrabas muy a gusto con él. En el tercer emparejamiento, todo cambió, era una mujer. No me acuerdo ni de su nombre, por algo será. Desde el principio comenzamos con mal pie, de entrada, a mí no me facilitaron una *tablet*, llamado aplicativo, donde registrabas el trabajo que ibas realizando, pues se había enviado a reparar, era de otro dueño.

Yo iba a remolque y dependiendo de ella. Le molestaba que utilizara su *tablet*, un rato cada una. Antes o después su carácter y forma de tratarme dio lugar a un conflicto entre nosotras. Le molestaba que utilizase sus herramientas de trabajo para compartir y hacer también mi trabajo, pero lo hacía con disgusto.

A ella le gustaba hacer las cosas a su manera y tener sus herramientas de trabajo. ¿Por qué tenía que compartirlas conmigo? Comenzó a decirme que no trabajaba bien. «Si al menos pudiéramos trabajar en buena armonía». «Pero si eres tú —le decía yo—, que no compartes y parece que te molesto. No es cosa mía no tener la herramienta de trabajo, pero con buena voluntad todo tiene arreglo». Ella no escuchaba, yo parecía un perrito faldero, dependiendo de ella. Me perdí en diferentes ocasiones, pues entraba en los comercios de la lista sin avisarme. Se veía que yo para ella era una carga.

No me quería con ella. Muy nerviosa por cumplir los objetivos, en ningún momento me ayudó, sino que me tiraba piedras. Después de alguna semana con ella, no pude más y quise hablar con el coordinador de equipos sobre todo lo que me estaba ocurriendo. En verdad no tenía ganas de ir a trabajar.

Después de solicitar hablar con el coordinador sobre el tema que me preocupaba, era joven y despierto. Después de explicarle, me dijo que tranquila, que pronto cambiaríamos de pareja. Me preguntó si habíamos hablado entre nosotras. Le dije que era difícil comunicar con ella, alzaba la voz y que le gustaba trabajar sola, ir a su bola y menos compartir.

Me quedé más tranquila al compartir lo que me sucedía y seguí trabajando, no supe nunca si ella habló del tema o no, pero daba igual. El caso es que más adelante me enteré de que seguía en Comercios. No sabía que ya habían decidido mi camino la directora y el coordinador.

Un día, cuando se cumple el mes de prueba, mientras trabajaba recibí una llamada de teléfono del coordinador, que me anunciaba muy satisfecho el cambio de destino, me dejó absolutamente sorprendida. No esperaba esta noticia y era que me trasladaban al otro grupo de Ciudadanía, porque mi perfil encajaba mejor allí por mis cualidades comunicativas, o sea, al otro grupo y a partir del día siguiente ya tendría que reincorporarme a mi nuevo punto de encuentro y el nombre de la coordinadora.

«¿Tan pronto?», acerté a decir. «Sí, desde mañana». Me deseó lo mejor en el nuevo equipo y nos despedimos. Para mí supuso un castigo por haberme quejado, así me lo tomé yo. Las condiciones económicas eran las mismas, pero el trabajo no.

De entrada, tenía que madrugar más y coger dos medios de transporte diferentes, el metro transbordo a otra línea, salgo a la calle y esperaba un autocar de línea, pues nos había dado una tarjeta para los viajes de trabajo, tenías que cogerlo a la 07:40 horas y si lo perdías llegabas tarde, no tenía mucha frecuencia de paso. El bus subía a la montaña, nos dejaba un poco antes del lugar, pues giraba en su ruta. Había que caminar una cuesta de pendiente ascendente, para llegar a la oficina —así la llamaban—, o sea, el barracón.

No había sillas para todos, era muy pequeño, algunos se sentaban en el suelo, los más jóvenes, ni aire acondicionado, nos comían los mosquitos y para rematarlo todo, la coordinadora era una borde. Menudo panorama se me presentaba, once meses por delante con nuevos compañeros, en el lugar más lejano e inhóspito. Como podéis imaginar, mi cara era un poema, no sé disimular cuando no estoy bien, ni a gusto.

Desde el primer día ya la coordinadora me dijo que quería caras sonrientes y alegres. Cuando hablé con ella a solas por las vacaciones, ya que las solicité en Comercios y este era otro equipo, dijo que esto era lo que había, me gustara o no. Vaya, que llegué triunfando.

Qué disgusto No acepté el cambio de primeras e iba con mucho pesar a mi nuevo puesto y equipo. Conocí a los dieciséis compañeros, incluida yo, ocho por cada barrio. Los de Horta eran la caña, la mar de divertidos y se pasaban los días contentos. No me tocó este grupo, sino Nou Barris, era más serio, pero había personas que destacaban, perlas y arte también teníamos entre nuestras filas, era cuestión de tiempo conocerlos a todos y yo casi no hablaba, ni opinaba, me mantenía en una concha, solo escuchaba.

Íbamos rotando de compañero cada semana y de ruta. Yo era una persona que desde la infancia tenía problemas de orientación, padecía de dislexia, me perdía siempre la primera vez que iba a un lugar nuevo, para conocer todo el terreno y por supuesto para que nadie se quejara de repetir zona, aunque a la larga eso perdió importancia para nosotros.

Yo, con mi cara de pocos amigos y muda, seguía enfadada, pero no me servía de nada, no podía remediarlo. Me tocó el peor lugar y zona; además, las condiciones del terreno eran adversas. Imaginaos la montaña, eso era más duro todavía que estar en el centro de la ciudad. Pasé un año muy malo, salvaba esa situación que mis compañeros eran excepcionales y me ayudaron mucho a no caerme, animarme y había buen *feeling* entre nosotros, cada uno con su carácter. Trabajar en la calle me dio la oportunidad de aprender mucho, tuve ocasión de entrevistar a cientos de ciudadanos y dentro de mí esperaba que mi trabajo hubiera sido de utilidad, era lo único que tenía sentido.

En esos once meses, mis rodillas se habían visto afectadas por esos caminos montañosos, me dolían, subir pendientes ascendentes o descendientes era una tortura, me hice varios esguinces de rodilla en diferentes momentos de mi contrato. Lo estaba pasando fatal, solo quería que se acabara. Había solicitado por motivos de salud un cambio de zona, más llana, donde mis rodillas no sufrieran tanto. No llegó rápido, primero otro compañero tenía que solicitar un cambio a Nou Barris. ¿Pero quién se iba a querer venir a mi zona si era lo peor, de lo peor? Así mi petición no fue atendida y estuve de baja por hacerme un esguince de rodilla mientras iba a trabajar, en el metro, bajando las escaleras. Finalmente llegó mi traslado por salud, tres meses antes de acabar el contrato. Bastante tarde, pues cada día que pasaba, mis rodillas de deterioraban más y más.

Aunque tarde, me trasladaron a Les Corts, un barrio de personas más adineradas que nosotros. Pero antes mi grupo se despidió de mí con una comida sorpresa, que no esperaba nada, una artista del grupo de Horta me regaló un retrato de mi rostro y entre todos me rellenaron una postal gigante, diciéndome cosas preciosas, que me llegaron al alma y me tocó llorar, soy muy sensible, se me olvidaba: y una bolsa de chuches. Luego me animaron a decir unas palabras, que me tuve que poner de pie e improvisar. Si no hubiese sido por ellos, no habría aguantado tanto, que los echaría de menos y que estaba muy contenta de haberlos conocido, pues eran lo mejor de este trabajo; la comida también fue para despedir a mi amiga, aún la conservo, una artista. Que encontró trabajo en otro lugar, cosa de la que me alegré infinitamente por ella. Este no era un lugar para trabajar.

Les Corts, otro equipo, mis compañeros eran majos y me acogieron con mucho cariño y nuestra coordinadora, joven, era un encanto. Siempre me preguntaba cómo me encontraba. Si hubiera podido me hubiera marchado, pero no podía porque no me darían el paro y además el daño ya estaba hecho. No era un trabajo para mí. Ocho horas trabajando, caminando, durante un año y mucho tiempo en zona montañosa. Era para gente joven y resistente, yo parecía de menos edad, pero ya tenía mis años.

Llegó el momento de cerrar el proyecto, fue el seis de febrero de 2018. Habría que contar mil y una cosas que sucedieron durante tanto tiempo, pero no acabaría y pronto estaría mi viaje en la cabeza, con una forma arrolladora que me sacudía y decía «Tienes que ir». Realmente me encontraba muy cansada y el ritmo trepidante que llevaba cada día de pronto desapareció. Ya en casa otra vez y volver a empezar, pero nunca sería los mismo, pero me estoy adelantando a los acontecimientos.

Se me hacía raro todo, ya no tenía ocupación profesional y es curioso echaba algunas cosas de menos del trabajo. No lo valoré desde dentro, pero ya fuera lo cierto es que tomé conciencia y vi todas las cosas buenas que había tenido este trabajo. Hasta entonces todo era negativo, pero eso no podía ser. Hice un balance escrito de todo lo bueno y quedé gratamente sorprendida.

La calle me enseñó mucho y las gentes que hacen ciudad, también me enseñaron con las encuestas, disponibilidad, hablaban sin tapujos, que les parecía la ciudad en la que vivían y sobre todo el barrio, su cuidado, que se podía mejorar y he de decir que de tanto vernos y formar parte del paisaje de la ciudad donde vives, ya nos habían cogido cariño, y nuestro trabajo fue útil, aunque no todo lo que hubiera debido ser. Los compañeros que conocí, lo mejor. Mi empuje y su fuerza no me dejaron desfallecer, se tiende en estos casos a hacer piña.

Había compañeros que brillaban, pues en ellos existía luz y eran/son auténticas estrellas de la vida y el arte. No sabía que me querían tanto. Me enriquecí de cada tarea, campaña y compañía. Fui bastante reservada y no tuvo que ser así, pues no decir «Duele y se va a la caja de las memorias, allí escondidas, pero no resueltas», eso es lo que verdaderamente hace daño. No enfrentarte a tus miedos guardados, pero esa táctica era mala, justamente era todo lo contrario.

Conservo una amiga, no de mi grupo, sino de Horta; han pasado ya cuatro años desde entonces y ella es una mujer muy especial y pinta, algún día cuando perfeccione sus dibujos y pierda eso que sientes al exhibir en público tu trabajo, arte. Podría hacer, llegado el momento, una exposición, tiene frescura y viaja para trabajar donde le interese, no tiene cargas familiares. Su vida es nómada, pero seguro que está aprendiendo mucho. Cuando nos vemos es una alegría, todos tenemos nuestra historia, pero conectamos y eso es lo importante.

Al acabar el contrato recibí mi salario más una pequeña indemnización a sumar. Tenía tiempo, el dinero y una voz dentro de mí que me instaba a ir a Senegal, a conocer a mi ahijada Awa. No podía acallar la voz de mi corazón que me pedía ir fuera como fuese, no sé explicarlo mejor. Me dejé llevar por esta urgencia de ir a conocerla, yo sola, a su familia.

Se lo comenté a Blanca, mi amiga del alma; ella me decía: «Ahora puedes, tienes el dinero. Si tú quieres ir, ve».

Durante los días posteriores mis rodillas comenzaron a sentir más dolor, si me agachaba era peor aún y por eso dejé de hacerlo. A partir de aquí comenzó el declive físico. Iba a la biblioteca de mi barrio para mirar los vuelos que fueran a Dakar, la capital, y que fueran económicos, estos tenían escala en Túnez y cinco horas de espera para el avión que me llevaría a Dakar. Mientras estaba allí me llamó mi amiga y se vino, vio lo que estaba haciendo, tenía en pantalla el vuelo, era para finales de marzo hasta principios de abril, once días, yo estaba indecisa, me entraron los miedos a lo desconocido. Blanca dijo: «O lo haces ahora que estás bien, ¿y si luego estás, imagínate, coja?». Esta frase no la olvidaría nunca y Blanca le dio al INTRO, pues ya había introducido los números de la tarjeta y estaba allí dudando. «Ya está, lo tienes». Me quedé en una nube. Y mi amigo ni sabía que iba, había que vacunarse, preparar el viaje a conciencia, pues ir allí no era cualquier cosa. Estaba feliz por un lado y hecha un manojo de nervios, por el otro.

La verdad es que faltaba solo un mes para preparar este viaje, que pronto pasó a ser todo requisitos y correr. Por de pronto hablar con Aya, mi amigo, para comunicarle que iba a Senegal a ver a mi ahijada Awa, su hija, en tal fecha. Siempre les decía que un día iría a visitarles y había llegado ese sueño, de una manera inesperada, pues, si lo piensas mucho, no lo haces y nadie sabe el futuro.

Se alegró enormemente, me preguntó las fechas exactas y al transcurrir un par de días se me plantearon muchas preguntas y a algunas de ellas me tenía que responder mi amigo. Pero primero y más importante era el tema de las vacunas, cuáles tenía que ponerme e iba justa de tiempo. Algunas de ellas, dependiendo de la persona, suelen dar reacciones y es mejor pasar los síntomas en tu casa y no viajar enferma.

Me informé por internet de los lugares donde vacunaban, te recomendaban mínimo dos meses antes, pero yo solo tenía un mes. El lugar que escogí fue el Centro de Vacunación Internacional de la calle Bergara (Barcelona), se encontraba bien ubicado en el centro de la ciudad condal. Las vacunas eran, obligatorias, la fiebre tifoidea, la fiebre amarilla, hepatitis A, la B ya la tenía, y un tratamiento preventivo contra la malaria que tenía que tomar siete días antes de emprender el viaje, mientras durase, que eran once días, y después de regresar a casa, siete días más.

Al igual que te aconsejaban beber agua embotellada siempre, incluso para lavarte los dientes. Allí muchos viajeros enfermaban de diarreas abundantes. Además de llevar un buen repelente de mosquitos para la piel y la ropa. Juntamente con estas recomendaciones, visitar la página de internet de Asuntos Exteriores, donde te indican los trámites a realizar, tales como en la misma página dejar tus datos personales, las fechas de viaje, el lugar de tu alojamiento, el teléfono particular de la persona que te acoge.

Por cuestión de seguridad en caso de guerra o atentado. Eso me sorprendió, al igual que desaconsejar que una mujer viajara sola, menos de noche.

El tema de la seguridad me preocupaba y hablé con mi amigo Aya. Durante esos días me surgieron muchas preguntas. La primera, viajaba sola, el nuevo Aeropuerto Internacional Blaise Diagne se encontraba a 50 kilómetros de la capital Dakar, tendría que alojarme cerca, ya que mi vuelo llegaba de noche. Pensé en buscar un hotel u hostal, ya que era solo por unas horas. ¿Quién me recogería una vez llegara mi vuelo?

Fue la pregunta que le planteé a Aya. Me dijo que estuviera tranquila, que un familiar militar me iría a recoger e iría a dormir a su casa, estaba casado con niños y vivía en una ciudad con pisos para militares y sus familias en la ciudad de Dakar, a las afueras. También le comenté que estaba buscando alojamiento, que si él conocía un lugar de confianza. «No te preocupes, yo me encargo de esto también».

Eso sí, le tenía que enviar el dinero para comprar los pasajes para el ferri, de ida y vuelta. Pues se agotaban pronto. Ellos vivían en la Baja Casamance y había que ir en ferri, cruzando el caudaloso río del mismo nombre. Una travesía de ocho horas de duración para llegar a Ziguinchor. Me tuve que hacer el pasaporte, ya que nunca viajé tan lejos. Aya se encargó de todo esto y para desplazarse tenía que ir en moto a comprarlos, después me los enviaba por el *e-mail*. Para ir a Ziguinchor había literas, compartía el camarote con tres personas más. Era el ferri **Aline Sitoé Diatta** y el regreso era para ir sentado en butaca en **El Aguene**.

Luego supe que tuvo que desplazarse para comprarlos en moto a Ziguinchor, y había unos cuantos kilómetros y vuelta, la gasolina como todo en el país era cara. Ya que por lo visto después de cruzar el río Casamance, llegas a Ziguinchor, vas a Oussouye en taxi, se pactaba el precio y desde allí a la casa grande eran otros siete kilómetros, se llamaba el pueblo Loudia Ouoloff, la verdad es que era un largo viaje, muchas horas. Por supuesto tenía que llevar mi cartilla de vacunación, era de color naranja.

Otra cosa en la que nacieron las dudas fue en la ropa, ya que allí había mucho mosquito y te aconsejaban huir de los colores y llevar ropa clara, blanco, beis, para no atraer a los mosquitos. Pero daba la casualidad de que no tenía nada de ese tipo de ropa. Mi vestuario era a todo color, últimamente necesitaba de esa energía que da el color y tenía mucha para combinar; aparte, me sienta bien.

A todo esto, sucedió algo inesperado, me fui a bailar un domingo al Jazz Si, un lugar donde cantaban en directo y había un talento de músicos increíble. La primera parte estabas sentado y luego se retiraban las sillas y todos a bailar, era uno de mis lugares preferidos y digo esto porque no he vuelto a ir desde hace tres años, he de volver, a ver si mis rodillas aguantan un poco de baile; si no, a escuchar. Volviendo a la sorpresa, allí mismo en un giro de rodilla bailando me hice un esguince de la derecha, que era la que peor tenía, ya me había pasado otras tantas veces trabajando y ahí no bailaba, caminaba mucho, mucho.

No me lo podía creer, ahora que tenía que viajar. Ni que decir tiene que un esguince de rodilla no se cura así como así. Me pedían los médicos reposo y me pusieron una venda compresora, bondad y yo rezaba para poder ir a Senegal. También las vacunas me hicieron efecto, las que me pincharon, tuve fiebre y efectos secundarios. Imaginaos esto y no me faltaba tanto para irme.

Mi amiga Blanca me decía: «Pero, hija, que todo te pasa a ti». En cuanto a la ropa, como no podía moverme mucho, lo dejamos de lado, me llevaría mi ropa de colorines y bien que hice, pues allí en Senegal las mujeres vestían con vivos colores. Acertamos de pleno con ello. Pero mi preocupación más grande era la pierna derecha, me dolía y estaba inflamada, pero yo me dije: «Iré aunque esté coja».

Blanca pensó en cosas que a mí no se me hubieran ocurrido; por ejemplo, llevar medicamentos: ibuprofeno, Gelocatil, amoxicilina, esto con receta médica, yodo para las heridas, tiritas y un largo etcétera. Hacer doble de medicamentos y de productos de belleza, por si se perdían, que ella era muy precavida y pensaba en todo.

También aproveché para llevarles a ellos una maleta de 30 kilos que dejaban pasar sin coste, con ropa, mía y de Roberto, que no nos servía, eso sí, estaba todo nuevo; botas de futbol, vaya, todo lo que se me ocurrió, dos cargadores de móvil, por si acaso, el libro de *El Principito*, era en español, pero era lo que tenía, para la biblioteca del colegio o para intentar traducir ellos. Y un detalle para Awa y la pareja recién casada, un presente para ellos. Les hice una postal artesanal, para agradecerles su ayuda.

El agua era una gran preocupación para mí, Aya me dijo que me quedase tranquila, que él me prometía que no me iba a poner enferma. Hasta dónde llegaba la fe de mi amigo. Desde el primer día nos mantuvimos en contacto a través del Messenger, yo traducía a través de Google, aunque no era muy fiel a las traducciones, pero he aprendido muchas palabras. Aya, ni idea de español; sin embargo, su segunda esposa sabía bastantes palabras en castellano; de hecho, era con quien más hablaba, o si no, del traductor del móvil. Si te quieres hacer entender, buscas la forma. Ellos querían atar todos los cabos y Aya me dijo que me irían a recoger al puerto los tres y lo primero que haríamos sería ir a comprar a una tienda de alimentación lo que yo solía comer, para evitar problemas gástricos, aunque lo adelanto, probé la comida senegalesa y su esposa cocinaba muy bien y estaba muy muy rico.

Mi familia, cuando le dije que me iba sola a Senegal, pusieron el grito en el cielo, ya comenzaron a preocuparse: «Pero ¿cómo te vas tan lejos y tú sola? Que hemos mirado y en esos países existen problemas con las guerrillas». Es verdad, sí existían, en la frontera con Gambia, pero no en Senegal; igualmente yo tenía preocupación por ir sola, pero él me tranquilizó en todos los aspectos, no dejaría que nada me pasara. Por eso las preguntas a mi amigo, yo no conocía ese país.

En mi corazón existían unas ganas, un empuje de una fuerza que me decía: «Tienes que ir, tienes que ir». Mi corazón me hablaba y me reafirmaba en lo que sentía. Nunca hice caso a mi corazón, ahora sí, era tal el sentimiento que más me reafirmaba en mi decisión, esta vez sí, me dejé llevar por él. Eso fue lo que les dije a mis hermanos, que intentaban sacármelo de la cabeza, pero no, era firme y, además, ya tenía los billetes.

Estuve buscando palabras en francés, para poder comunicarme, lo más básico: «Hola», «Buenos días, tardes y noches», «Gracias», «Adiós», «¿Dónde está el lavabo?», «Queremos comer», «¿Cómo te llamas?», «Qué rica está la comida», etc. Luego allí era todo muy diferente, no fue fácil la comunicación.

Las conversaciones con Aya a través del Messenger eran muy a menudo; por ejemplo, esta, la traducción es de Google móvil.

Hola, Manuela, estoy contento y dado el gusto grande de leerte. Todo el placer es para mí recibirte en mi casa con todos los miembros de la familia. Soñé con este momento y Dios hizo que se realizara y que podremos encontrarnos por fin cara a cara. Jamás tuve en mi vida una persona tan amable y abierta. Su desplazamiento solo me hace feliz y alegre. Solamente estoy inquieto porque no sé si esto va a gustarle, porque no tenemos el mismo entorno. Conozco tu corazón, pero no tu vida, tu manera de vivir y alimentarte.

Pero voy a informarme para reservarle la mejor acogida posible (05/03/2018). Mi contacto de Dakar, mi primo, me confirmó que no habría ningún problema para la acogida en el Aeropuerto Blaise Diagne de Dakar, se llama Ousmane y es un capitán del ejército senegalés. Estarás en buenas manos y es él quien te hará embarcar al día siguiente en el barco que te conducirá a

Ziguinchor, ahora debes enviarme la fotocopia de tu pasaporte, para hacerte la reserva en el barco el 27/03/2018 y que te llevará hasta allí.

«Pasarás la noche en el barco hasta llegar a destino el 28/03/2018, donde Awa te esperará con un placer real y el mismo día llegaremos a casa. Espero la fotocopia del pasaporte para la reserva. Besos».

Como era de mucho preguntar, Aya quiso tranquilizarme y en uno de sus mensajes decía: «Hola, Manuela, veo tu inquietud y es completamente normal, ya que jamás viniste a Senegal. Respira bien porque todo pasará bien con todas las disposiciones que voy a tomar».

Como podéis leer, ante su seguridad me tranquilicé y yo creía en él. Todavía no le había dicho nada sobre la rodilla, no quería preocuparle, a no ser que fuera completamente necesario. Si la recuperación no era completa, estaría obligada a decírselo para que supiera en qué estado llegaba, pues eso podía afectar a mi estancia en su país.

Daba la casualidad de que los días que yo había escogido, él estaba de vacaciones, me decía así: «El 26 de marzo me arregla bien porque estaré de vacaciones para diez días y pasaremos toda mi familia de buenos momentos. Pero dime: ¿cuántos días estarás en Senegal?».

No me lo podía creer, era como si supiera que iba a ir a visitarle, pues él es profesor y así podríamos estar juntos y la gran familia, pues así la llamaba, y además compartir más horas, no solo momentos. Dedicarme tiempo, era increíble tanta casualidad. Todo se había aunado, este universo, que cuando deseas algo tanto lo conforma para que suceda.

A su pregunta, le contesté que mi viaje era desde el 25/03/2018 al 04/04/2018. A lo que contestó: «Me pondré en contacto contigo cada día, ahora para más información».

Mientras tanto, me fui informando sobre el país de Senegal. República de Senegal, estado soberano de África occidental. Lo habitan quince millones de personas, el idioma oficial es el francés. El clima es tropical, con dos estaciones, una seca y otra lluviosa. Dakar, capital de Senegal. La ciudad de Saint Louis se mudó a Dakar en 1902. Dakar se convirtió *a posteriori* en 1960 en su capital, en el momento de la Independencia de Europa. Su moneda es franco CFA de África occidental.

El valor de 1 XAF/EURO = 655,96 XF; por ejemplo, 30 euros equivalen a 19 678,80 XF y 50 euros equivalen a 32 797,85 XF. La moneda XF es de seis estados independientes de África Central: Camerún, República Centroafricana, Chad, República del Congo, Guinea Ecuatorial y Gabón.

Tuve que informarme del cambio de moneda, para saber cuánto dinero llevar, aunque estaba un poco pérdida. Llevaba euros y hasta que no llegas al país no puedes cambiar los euros por FCFA. Además, con el teléfono no podías llamar con tu número de España, sino que al llegar a Dakar comprabas una tarjeta con una cantidad de CFA y datos para poder hablar desde el extranjero y no te gastarás una fortuna en telefonía.

En otra conversación hablando de comprar el billete del ferri el día 3 de abril, puesto que tenía que viajar hasta Dakar para que luego me llevaran al aeropuerto, que, como dije, está a cincuenta kilómetros.

«Pues retenemos el 3 de abril. Podremos pasar más tiempo juntos y en familia. Te señalo que tengo una familia muy grande. Vivo con mi mamá, mis grandes hermanos, mis pequeños hermanos, las mujeres de mis hermanos, los niños de mis hermanos y de mi hermana mayor».

«Para tu llegada, verás a toda esta buena sociedad. Yo vivo en dos casas con mis dos esposas, que no habitan juntas».

Sabía que allí en Senegal pueden tener hasta cuatro esposas, siempre y cuando las puedan mantener. Me estaba enterando de cosas personales que nunca hablamos, me llevé una sorpresa cuando dijo que tenía dos esposas. De todas maneras, son muy celosos de su intimidad y esto me lo comentó, imagino, porque no quedó otra, pues lo iba a vivir *in situ*.

Mi rodilla iba haciendo progresos, pero los esguinces son difíciles de curar, se tarda tiempo, aquí no puedes pedirle prisa a la naturaleza de cada persona y yo no las tenía todas conmigo. Con los preparativos de las maletas me ayudó mi amiga Blanca, siempre pendiente, era como si se fuera ella. La verdad es que es un cielo.

Tenía que enviarle a Aya el dinero por Western Union para reservar los billetes del ferri ida y vuelta, pues siempre iban llenos y me explicó esto: «Estaba en el puerto para informarme de las tarifas de transporte y qué días el barco se desplazará, pero hay dos tarifas, una para extranjeros y otra para residentes, Las tarifas del barco son caras, 30 000 CFA al ir como de regreso; en resumen, 60 000 CFA y hoy hay que pagar para reservar los sitios.

»Hay también un autobús, pero, en él, su viaje será penoso porque habrá demasiadas paradas sobre el camino, control de carretera y hay que atravesar Gambia. Dime si puedes pagar el barco». Le digo: «Sí puedo. Se acerca el momento a grandes pasos, un beso y hasta pronto, Manuela».

Aya y su segunda esposa no tenían hijos propios, pero en su casa vivían niños. La hija mayor de él tenía un hijo de corta edad, dos hermanos adolescentes, niño y niña en acogida, puesto que su madre había muerto y otro niño. Total, cinco y ambos sumaban siete personas. Eran responsables de su educación, alimentación, vestimenta.

El día que me marchaba a Senegal aún lo guardo en mi retina y corazón. Blanca, mi amiga, no pudo venir a acompañarme; sin embargo, no estaba sola, Marina mi otra amiga dijo que ella vendría conmigo, cosa que agradecí, pues aparte de la compañía estaba el peso de las dos maletas y aún mi rodilla no se había curado del todo. Realmente necesitaba ayuda. «Sobre todo —me dijo—, cuando llegues, llámame». Le recordé que solo la podía llamar cuando cambiase la tarjeta del móvil.

Estaba nerviosa, era real, en un poco de tiempo embarcaría rumbo a Túnez, hacía escala en ese aeropuerto y cinco horas de espera para ir a Dakar, la capital, en otro avión. Eran muchas horas, lo compré, pero por economía, hay formas más cómodas de viajar tan lejos.

Para que no fuera tan caro el transporte en Barcelona subimos al autobús 46, que te deja en el Prat y en la puerta de Salidas y por el precio económico de un billete sencillo, estos vuelos salen temprano. Eso sí, os puedo decir que si algún día puedo volver a Senegal, no lo haré de la misma manera. Lo haré más cómodo, corto y menos cansado. Solo es cuestión de dinero.

Llegamos con tiempo de antelación, estos viajes tan largos y que además sería mi primer viaje a otro continente, parecía una auténtica aventura. Facturar la maleta de 30 kilogramos, saber la zona, la sala donde has de esperar el embarque, antes hubo que pasar el control de seguridad. Mi amiga Marina me dio un regalo, antes de entrar en esa zona, solo para pasajeros. Estaba envuelto en papel y dentro de una bolsa; con mis ojos interrogantes le pregunté. «Ya lo abrirás, es una sorpresa», dijo.

Le di las gracias y se quedó con mi abrigo plumón negro, pues en mi destino no lo necesitaría. Nos besamos y abrazamos, hasta la vuelta. Me deseó buen viaje y fui desapareciendo entre todos los pasajeros y las filas para pasar el control. Recuerdo que llevaba una falda corta que se colocaba toda con corchetes de muchos colores y pitó; yo les dije que seguro que eran los corchetes, me miraron y me dejaron seguir adelante. Me di la vuelta y aún estaba allí mirándome mi dulce Marina. Alcé la mano a modo de despedida y caminé por los pasillos desconocidos para mí buscando la zona, asignada en los paneles de información de vuelos.

Camino por esas grandes avenidas que parecen sus pasillos. La rodilla me molesta un poco. Al final tuve que decirle a Aya lo que me ocurría. Enseguida dijo que iríamos al médico. Siempre tan dispuesto a ayudar, es una persona generosa. Luego ya vi que tener para comer era lo primero. La seguridad social allí no existe, has de pagarla y, si no tienes dinero, puedes morir.

Cuando pasó el tiempo estipulado, ya nos dirigimos a la zona de embarque, había dos filas, ya abrieron el mostrador para enseñar pasaporte y billete. Yo llevaba mi maleta roja de mano, diez kilos permitidos en el avión. Poco a poco llegamos a la entrada, el personal nos saludaba. Buscábamos nuestra fila y asiento, además del lugar donde depositar la maleta.

Por suerte me tocó la ventanilla, adoro mirar al cielo y sus nubes, creo que en las veces que he viajado, prácticamente siempre, me tocó, cosa que agradecía. La duración del trayecto era corto, no llegaba a una hora. Fue más costoso pasar el control de pasaporte y maletas, por el idioma. Después de este tramo, ya a deambular por el aeropuerto, con cinco horas de espera. ¿Cómo ocupar el tiempo?

Me hubiera gustado salir de allí y atreverme a dar un paseo por Túnez, pero pensaba: «¿Y si me pierdo?». O cualquier otra cosa que hiciese que perdiera mi conexión al vuelo. Opté por mi tranquilidad, quedarme dentro.

Lo primero que hice fue ver un banco como los de los parques, pero metálico, era temprano y tenía sueño. Me acomodé en él y la mochila como almohada, me relajé, nada de dormir, tengo dificultad en este sentido, además el ir y venir de los pasajeros mataba el sueño, pero al menos no estaba sentada, estirarme me hizo bien.

Estuve en un duermevela con el ojo abierto, en general por todo, sobre todo por las pertenencias. Cuando hube descansado fui a caminar por sus pasillos, no era demasiado grande. Localicé los lavabos y la cafetería y admiré la belleza de murales de príncipes y princesas, en las paredes de uno de ellos. Ya sabemos todos los que hemos volado alguna vez que un aeropuerto es frío e impersonal por muchas personas que lo transiten.

Encontré la cafetería y allá que fui, me tomé una cerveza, la última en los próximos once días de mi estancia en Oussouye, ya que ellos eran musulmanes. De paso miraba el ir y venir de los pasajeros, los pasos apresurados. Me había llevado un libro para leer, siempre fui una empedernida lectora.

Las horas pasaban muy lentamente, me acerqué a la zona de embarque, allí estuve un rato, estaba lleno de pasajeros, muchos eran hombres y de raza negra. Me cansé de estar sentada allí y me fui de la sala, en ese momento recordé el regalo de mi amiga Marina. Como lo puse arriba de la maleta, la abrí y cogí la bolsa. Desenvolví el regalo y un pañuelo para la cabeza de rastafari muy bonito, que usé con frecuencia en Senegal. Además de unas palabras suyas sentidas, en un pañuelo doblado con ternura y se titulaba «MUJER VALIENTE». Lo leí y mis ojos se llenaron de lágrimas, de agradecimiento y emoción. Qué bonita es Marina.

Me marché de la sala, era otra y en ella apenas había gente y me sequé las lágrimas. Seguí paseando, pero el tiempo se me hizo eterno, cinco horas son muchas, sin compañía. Tomé notas a modo de sensaciones que tenía en esos momentos. Por fin anunciaron que se abrían las puertas de embarque. ¡¡Qué alegría!! Se formó la cola, pero es un absurdo esperar de pie cuando tienes asignado ya un número de asiento y la rodilla no aguanta estar mucho rato de pie. Esperé lo máximo. Esta vez no íbamos directos al avión por la pasarela, sino en un autobús que nos esperaba para llevarnos por la pista al avión.

Me encontré con que tenía que bajar unas escaleras y tenía dificultades para hacerlo, además con peso. Un pasajero me vio y me preguntó: «¿Necesitas ayuda?». Le dije: «Sí». Todavía quedan personas amables. Para subir los escalones del avión, lo hice poco a poco y pedí ayuda para que alguien me llevara la maleta. No podía con todo. Lo que es una rodilla, cuando te falta.

El vuelo a Dakar desde Túnez era más largo, se estaba haciendo de noche. Aun así, el paisaje desde el pájaro de metal era precioso, luces por todas partes, abajo todo diminuto, las siluetas de pueblos, tierras y cultivos. Pensaba qué sería de mí al llegar y cómo me entendería para hablar, pues francés no sabía hablarlo, distinguía alguna palabra, pues escribía. Pero la conversación era otra cosa.

La azafata al principio hizo el ritual de las instrucciones de salvamento en el caso de sufrir un accidente y aminorar el impacto, casi con certeza, desde allí arriba, mortal. Ya había pasado el tiempo de vuelo y por megafonía anunciaban que faltaba poco para tomar tierra y ya estaría en Dakar, la capital de Senegal.

Más que estar nerviosa, estaba expectante. La confianza que me generó Aya con sus palabras desde el principio hizo que mis miedos desaparecieran y supe que me tenía que dejar llevar.

El avión descendió para el aterrizaje, esta es una de las partes que menos me gusta de volar, la deceleración para frenar me parece espantosa. Por fin tocamos suelo, el avión se fue deteniendo hasta llegar al lugar destinado, cerca de las puertas de entrada de las llegadas (*arrivées*). Transportaron las maletas por esas eternas cintas móviles hasta ver aparecer mi maleta roja, que recogí como pude. El Aeropuerto Internacional Blaise Diagne era muy grande y nuevo, pues había sido construido hacía poco.

Estaba un poco desorientada y no sabía bien dónde dirigirme, vi que había una fila de personas delante de un mostrador, lo supe más tarde cuando quise volver a Barcelona, que era el control de pasaportes, te ponían el sello de entrada en el país. Yo me lo salté, pues vi una rampa que te hacía descender hasta llegar a una cinta donde se reunían personas.

En ese momento lo vi, mi nombre Manuela, había dos hombres jóvenes, uno de ellos era más fuerte. Me acerqué a ellos y con gestos y «sí» (*oui*) en francés, me identifiqué como la pasajera que esperaban. Rápidamente me cogieron la maleta, salimos al parquin del aeropuerto y me hicieron subir a un automóvil, no sabía bien mi destino, aunque cuando preparamos el viaje, su amigo militar me iría a recoger, pero luego no pudo porque tenía una misión inesperada, por ello envió a dos personas de su confianza.

Durante el traslado me pasaron un teléfono móvil, el familiar se disculpaba por no poder recibirme, hablaba un poco español, iba a pasar la noche en su casa, donde vivía su esposa e hijos, eran dos, además de otros familiares. Le di las gracias. Se encontraba situada cerca del mar; mientras llegábamos allí, en plena noche cerrada pude distinguir a los lados de la carretera pequeños puestos que vendían frutas y otros tipos de alimentos, la luz era muy tenue. Llegamos a la zona donde vivían los familiares de los militares, había una barrera y te pedían la identificación. Sin duda conocían a los jóvenes y se fijaron en mí por si me veían por la mañana. Todo era por seguridad.

Entramos en la zona vigilada y, aunque era de noche, se podían vislumbrar bloques de pisos del mismo estilo, parecidas estas construcciones a cualquiera que hubiera en nuestras ciudades, árboles, un parque, bancos para descansar, incluso vi un tendedero de ropa bailando al viento.

Dakar es una ciudad calurosa, era marzo y parecía verano. El automóvil se detuvo delante de uno de los edificios, bajamos y yo cogí mi maleta, pero, aunque vivía en un primer piso, allí no había ascensor, solo escaleras. Comencé a subirlas arrastrando las ruedas por los escalones, era un gran esfuerzo para mí por la rodilla; en estas que mis acompañantes se dieron la vuelta y, viendo la escena, enseguida uno de ellos se hizo cargo de subirla, yo, con un *merci beaucoup,* le hice saber que se lo agradecía.

Llegamos a la puerta, ellos llamaron y salió a recibirlos una mujer, la esposa del militar. Pasamos dentro, pero no estaba sola; además de sus hijos, también había otra mujer, era de la familia, en avanzado estado de gestación, su esposo también era militar. Nos saludamos con un «hola». Sin más, el ama de la casa cogió la maleta y la llevó a mi habitación, con gestos preguntó si quería cenar. Le dije «*Oui*» ('sí'), me dejó en la habitación, yo no sabía qué hacer. Poco después se presentó con una bandeja de comida y me dejó sola, cerrando la puerta detrás de sí. Me extrañé, a lo mejor era su costumbre con los visitantes.

Sé que en el menú había arroz, era la base de sus comidas, me enteré después y el pescado, más sus maravillosos aliños, allí cené, estaba muy rico y sobre todo el agua embotellada era primordial. Hasta que se abrió la puerta y entró Fatou, así se llamaba, con señas preguntó si terminé. Me dijo que dormiría en esa cama, pero no sola, ella dormiría conmigo. Quitó los muñecos de peluche que adornaban la cama. Me la abrió, yo dormiría en ese lado y ella en el otro. Necesitaba asearme un poco y me enseñó la ducha, allí el agua no es potable, tenían bidones llenos de agua, me llevó uno y me dio un recipiente para que pudiera enjuagarme después de llenar mi cuerpo de jabón. Acabé el ritual del baño, el pelo lo dejaría para otro momento, era muy tarde ya.

Me puse ropa ligera para dormir. Recuerdo que me miraban con ojos curiosos, cómo vestía, cómo era físicamente; claro, no me conocían de nada, pero una sonrisa en momentos vi en sus labios.

Su hijo pequeño tendría unos dos años, lo veía muy vital, no paraba quieto y su madre Fatou le reñía. Ambos hermanos dormían en la misma habitación, en unos colchones en el suelo.

Había pasado todo tan rápido, estaba en Dakar, bajo su cielo azul, me encontraba emocionada. El plan era, me enteré por la mañana al desayunar, comeríamos en su casa y Fatou me acompañaría en taxi al puerto, allí estos son muy caros. Se acuerda el precio antes del traslado.

El viaje en ferri duraba ocho horas por el caudaloso río Casamance con destino a Ziguinchor. Por la mañana me atreví a salir sola de la zona militar, pues vi la playa por la noche, el mar, en la oscuridad, parecía fantasmagórica, mientras íbamos en coche. Ahora sentía curiosidad por verla. Paseé entre los bloques de edificios, tomé fotos de cosas que me parecieron interesantes, crucé por el control y las barreras, la persona al cargo me saludó.

Había una carretera de doble circulación y allí los coches corrían como el rayo, aparte de haber muchos. Me costó cruzar las carreteras por el tema velocidad. Lo conseguí, por fin estaba al otro lado, giré mi cuerpo y vi la playa. Era muy rocosa y tenías que bajar una rampa que había cerca, que tenías que ir sorteando los obstáculos, ya que aparte de arena había piedras más pequeñas, hasta llegar a la arena fina.

A mi derecha había unas construcciones enganchadas a las rocas, en forma de personas, hechas con desechos de plásticos, madera, cubos, haciendo de esa parte de las rocas como un estandarte del daño que produce sobre todo el plástico.

Había jóvenes jugando a futbol, deporte nacional y al verme en la lejanía me decían con gestos: «Baja, baja». Era una mujer blanca en un país de personas de raza negra, enseguida llamas la atención. Tomé mis fotografías de todo ese atolón, hecho para concienciar.

Terminadas las fotografías, también descubrí, ya subiendo el camino empedrado y arenoso, arriba había una tienda de todo tipo de tarjetas de telefonía móvil y a su lado un bar lleno de personal masculino tomando y comiendo, muy cerca un taxi. Y así, como quien no quiere la cosa, aparece un hombre africano, sin duda deportista, de unos treinta años, con una bicicleta y una toalla al cuello.

Me preguntó mi nombre y yo a él el suyo: Baye Falla, sabía algo de español. Me preguntó qué hacía en su país. Le expliqué, después me pidió hacerse una foto conmigo. «¿Te importa?». Le dije que sí. La hizo un paseante y nos intercambiamos los números de teléfono.

Allí era muy común querer estar o conocer a una mujer de raza blanca, era una manera de seguir hablando con ella y quién sabe. Crucé de nuevo la carretera en dirección a la ciudad militar. Llegué a casa de la familia que me acogió. Cuando llegué había una mujer más, también de la familia, era muy expresiva hablando, un poco mayor que el resto. Tenía un pañuelo en la cabeza, que se colocó con una gracia...; a mí me gustaba, tenía que aprender a hacerlo.

La idea era comer en casa e irnos al puerto inmediatamente, a Dakar capital, donde se encontraba el ferri que me llevaría a Ziguinchor. Allí se podía entrar a las 17:00 p. m., pero realmente partía a las 20:00 p. m. Tenía ganas Fatou de dejarme ya colocada en él, cuanto antes mejor.

Dejó a los niños en casa con la familia, fuimos a la carretera en busca de un taxi, paró uno y concretaron el precio, corría el taxista como el rayo, allí todos corrían mucho, incluso los particulares. Al llegar a Dakar tuvimos que aminorar la marcha, pues se hizo un poco de embudo, ya que entre las filas de los coches muchos hombres, mujeres y niños vendían alfombras, *souvenirs*, fruta, dátiles y más entre los coches en circulación lenta para poder vender algún producto y ganarse la vida. Me sorprendió mucho.

Finalmente llegamos al puerto, Fatou tenía los billetes del ferri, pero era un justificante y había que cambiarlo por el original enseñando mi pasaporte original. También había que hacer el cambio, al menos algo, de la moneda euro al franco francés. Le di veinte euros a Fatou y antes de cruzar la barrera el personal de allí me dio el cambio por si necesitaba comprar algo en el ferri. El taxi lo pagó ella y no estaba precisamente cerca de su casa.

Tenía pensado comprar allí en el puerto una tarjeta de móvil recargable del país, pero no me dio tiempo a hacerlo, no podía comunicar con mi familia y amiga, estaban preocupados por mí.

La travesía duraba ocho horas y hasta que no desembarcara en Ziguinchor no podría hablar con nadie, eso me inquietó, pues sabía a ciencia cierta que se comenzarían a preocupar y mucho, sin comunicar en más de un día. La salida de puerto se me hizo eterna, me dejaron muy pronto y hasta las 20:00 p. m. iba viendo venir a los pasajeros poco a poco, sin prisa, allí en la cubierta. Había bancos para sentarse, hice alguna fotografía. Era muy grande, llevaban también provisiones alimenticias para comercios de Ziguinchor, mi destino. Era una forma de aprovechar el viaje, vi como una carretilla introducía en las tripas del ferri los alimentos. Tuve suerte, pues mi amigo Aya pudo comprar el billete con litera, me tocó la que estaba arriba, vaya, y yo con mi rodilla, eran cuatro literas en un camarote.

Las escaleras eran de metal y me costaba subirlas, tenía que hacerlo poco a poco. Hubo pasajeros que vinieron a última hora y no pasó nada y yo sin mi tarjeta de móvil.

Zarpamos, que ya era de noche, en Senegal hay una diferencia horaria con respecto a España de dos horas menos. El barco se movía y pasamos al lado de un buque grande todo iluminado, una preciosa vista.

El río Casamance es el más largo y también el más caudaloso, conseguí llegar a mi litera con dificultades. Pero ya estaba tumbada, cerré la cortinilla y me aligeré de ropa. Me aconsejaron antes de partir de viaje que llevase biodramina para el mareo, ya que soy propensa. Me tomé una que me atontó y no sentía tanto el vértigo y las ganas de vomitar al ir tumbada. No obstante, la travesía no te dejaba dormir bien con el movimiento del ferri, a ratos dormía, a ratos no.

Fue pasando la noche a trompicones de sueño, en estas que el ferri Aline Sitoé Diatta fue aminorando la marcha y me incorporé, corrí la cortinilla de la intimidad y miré hacia la ventana del camarote, estaba amaneciendo y los colores de ese cielo nos acogían y a la vez nos daban la bienvenida. Estaba formado por colores pastel, rosa, azul claro, lila suave, era una vista extraordinaria y sus aguas nos mecían al mismo tiempo, ahora eran tranquilas.

Por lo visto ya estaba llegando al puerto de Ziguinchor. Cerré de nuevo las cortinas y me preparé para vestirme, el único problema era bajar al suelo desde la escalera que se encontraba muy pegada a la litera, me haría daño, pues no llegaba, así que me quedé con las piernas colgando al borde de la litera. De pronto entró un joven a visitar a una amiga que dormía frente a mí, la misma altura, tenía que perder la vergüenza y atreverme a preguntarle si me podía bajar. Dijo «sí» (*oui*) y me cogió entre sus brazos y me dejó en el suelo, así como una pluma. Le dije las famosas palabras: *merci beaucoup*.

En Barcelona había anotado algunas palabras de las más básicas para hacerme entender, pero en realidad no fue nada fácil, aunque la esposa de Aya sabía palabras en castellano y fue con ella con quien más hablé. Él no sabía nada de español.

Seguí todas las instrucciones y recomendaciones del Ministerio de Asuntos Exteriores. Siempre hay que informarse cuando vas a un país nuevo, por las normas. Recuerdo que me hice un seguro médico, importantísimo, pues allí hay que pagarlo, con la pobreza que hay. Hacerme el pasaporte, no tenía, nunca había viajado al extranjero. Me lo hicieron pronto, pero madrugando mucho y haciendo fila para esperar a cuando abrieran, había muchas personas como yo, lo hacen cerca de la plaza de Urquinaona y te lo hacen en el momento.

Aconsejaban llevar tarjeta de crédito para las compras, pero no tenía, solo de débito. Tampoco iba de vacaciones, sino en plan familiar a conocer a Awa; llevé dinero en metálico que luego cambiaría en el país a su moneda. Respetar las costumbres, la vestimenta era fundamental además de la sensibilidad a sus creencias religiosas. Por supuesto, nada de drogas y no aceptar paquetes de desconocidos. Inscribirme en el Registro de Viajeros.

Tener localizada la embajada. Vigilar en los desplazamientos. No ir sola, pues habían ocurrido en este caso asaltos a mujeres. Mucha prudencia, no llevar ni ropa ni joyas ostentosas. La lista era interminable, daba hasta miedo. Menos mal que yo no tenía.

Viajar de noche no, y sola menos. La circulación, por carreteras secundarias del Norte de la Casamance, frontera con Gambia, ya que existían conflictos armados, asaltos, robos y agresiones. Menos mal que Aya lo conectó todo para que resultara un viaje tranquilo, dándome confianza y una seguridad excepcional.

Los medicamentos eran otro tema importante, podías llevarlos, pero con receta médica. Al igual que los repelentes de buena calidad, los compras en la farmacia, para evitar las picaduras de los mosquitos, ya que el paludismo y la malaria son endémicos en Senegal. El tema de la mosquitera para dormir lo solucionó Aya. Por supuesto, vacunarse, como comenté antes.

Abrí la puerta del camarote, todo el mundo alerta. Se acercaba poco a poco para atracar, hay que pensar que aparte de las personas transportaban productos comerciales, comida de la cual una parte era perecedera. Recordé en ese momento unas palabras el mismo día que llegaba el 25 de marzo, en las que Aya me hablaba: «Todo será fácil. Su seguridad y salud son primordiales. Soy confiado y estoy seguro de que todo pasará de maravilla. No me inquieto por eso».

Pasó un largo tiempo, todos expectantes y preparados para poner un pie en Ziguinchor. Por fin atracó, nos hicieron ponernos en fila, el orden era imprescindible, era muy grande el ferri. Sonaron las puertas, se abrían. Salimos por unas escaleras metálicas que daban a las tripas del ferri donde se encontraba la mercancía transportada.

Al salir sentí un golpe de aire caliente y húmedo, superior al de Barcelona, era denso como si pesara y pronto se adhirió a nuestros cuerpos. Había una zona de atraque y más adelante estaba la sala de espera para los que llegaban o se iban. Atravesamos la puerta llena de asientos y personas. No veía a Aya por ninguna parte. Desde allí vimos como el personal en tierra sacaba las maletas de los pasajeros y las dejaban en el suelo unas detrás de otras, en una sala de forma cuadrada y había maletas por todas partes.

Mi amiga me había advertido sobre esta situación, pero vivirlo era otra cosa. En esto que alguien me toca la espalda, me vuelvo y es Aya, es igual que en las fotos, serio en el vestir, como los profesores, ya que lo es. Me pregunta: «¿Cansada?». Dije: «Sí». «Estamos fuera —dijo—; cuando recojas la maleta, mi esposa y Awa te esperamos fuera». Asiento con la cabeza. Esto me hace despertar y saber que ya estoy en casa.

Estas palabras las escribí antes de zarpar en el ferri.

Voy a partir a Senegal, en vísperas han ocurrido muchas cosas, preparativos, información vital, incertidumbre, dudas, la salud un poco mermada. Pero, aun así, el convencimiento de que tengo que ir allí, a casa. Mi familia, todo acogida y amor, me han facilitado todo, tendiéndome una mano. Haciendo posible este sueño que es conocerlos y a mi ahijada Awa. Me siento agradecida por formar parte de su vida.

A los pasajeros nos hacen esperar en la sala y vemos el trajín de depositar las maletas en el suelo, sin orden ni lugar, dejaban pasillos para que diéramos vueltas entre ellas hasta encontrar las tuyas. A las mías les puse nombre. Saco la tarjeta de embarque y en esto que un hombre, más bien bajito y rápido, me quita de la mano el pasaje. «Oiga, que eso es mío». Él seguía caminado: «Yo ayudar a encontrar maleta. No sé si entendió». Yo localicé la roja, la otra negra era mucho más voluminosa; seguimos por los pasillos, el hombre, muy nervioso, volaba y yo detrás de él. Por fin reconozco la maleta y me cogió las dos y me saca del tumulto.

El hombre es bajito y con turbante sigue con mis papeles, las maletas y sale resuelto del puerto con todas mis pertenencias, no entiendo lo que dice. En poco me veo rodeada de varios hombres que quieren que suba a su taxi, estoy asustada, uno de ellos me pregunta si alguien me espera. Le digo «Sí». Me da su teléfono y me dice que le llame y diga que estoy fuera del puerto. Llamo a Aya, en nada aparece él, su esposa y Awa. Es muy bella, viene vestida muy sobria con un vestido beis y su bonito pañuelo en la cabeza. Por cierto, con mucha clase y de la mano la pequeña Awa.

Nos saludamos con un gesto de cabeza ella y yo, Awa me mira con ojos curiosos, es preciosa y le digo: «Ça va?» ('¿Cómo estás?'), pero se esconde detrás de la que creo su madre. Finalmente, Aya se pone de acuerdo con el taxista que me dejó el teléfono y vamos con él. Lo primero, la tarjeta del móvil, mi familia estaría muy preocupada y mi amiga también. Me pidió el teléfono y el dinero para cambiarlo por CFA; de hecho, se queda con él, yo en realidad estuve sin dinero los días que pasé con ellos.

Solo me compré una mochila roja hecha artesanalmente, preciosa y tuve que pedirles el dinero a ellos. Lo segundo que hicimos en Ziguinchor, que estaba repleto de comercios, fue ir a un colmado o supermercado, para que yo comprara los alimentos que normalmente comía, agua embotellada (importante), carne, leche, pasta; él no quería, ni yo, claro, que me pusiera enferma. Estuvimos mucho rato escogiendo comida y cuando acabamos nos fuimos directos a su casa, que estaba en Oussouye y se encontraba a 30 kilómetros de distancia. Los taxis son caros y el viaje les tuvo que costar mucho.

Ya habíamos recorrido varios kilómetros y Aya ya me había colocado la nueva tarjeta, por fin podía llamar a mi familia y amiga y dejarlos tranquilos. Cuando el taxi llegó a Oussouye, nos bajamos junto a nuestras pertenencias. Su casa, me quedé sorprendida, no tenía puerta, consistía en una construcción de alambre y vegetación que la tapaba y delimitaba con sus vecinos de al lado. Una vez entras hay una pequeña y modesta casa hecha de adobe, madera. Existía una pequeña entrada como un porche, ahí cabían dos sillas, otra puerta donde estaba la cocina, separada del centro de la casa, donde se hacía la vida, alrededor de ese círculo, la habitación de matrimonio, la de los pequeños y no tanto, el lavadero, nunca supe dónde estaba el aseo.

Yo dormía en otro lugar. Me habían reservado una habitación en el recinto de la Cruz Roja, de la que eran voluntarios y muy cerca de casa, fue todo un detalle que me emocionó. Me pasaba el día con ellos y a dormir en mi habitación. Constaba de una cama con mosquitera, un ventilador, mesa y silla, armario y un plato de ducha, pero tenía de todo, no necesitaba más; por supuesto, me llevé agua embotellada para lavarme los dientes y no hacerlo con el agua que sale del grifo, por el tema de las diarreas. Habían pensado en todo y sentí todo el amor y dedicación que habían invertido en que todo estuviera perfecto para mí. Gracias.

La primera noche sentía que tenía todo lo que podía haber soñado, miraba mi mosquitera, a la que antes había rociado con unos de los repelentes para mosquitos que compré, aconsejada por el centro de vacunación. Una era para la piel y la otra para las prendas de ropa y la mosquitera era importante que la pusiera. Fui consciente de que estaba bajo el cielo de Oussouye, un cielo azul llenos de estrellas, en esa parte tranquila, la de la Baja Casamance, por la noche refrescaba y una rebeca venía bien. Siempre me acompañaban hasta la habitación, porque apenas había luz y ellos se quedaban más tranquilos si me dejaban dentro de ella. Qué bonitos. Se notaba que estaban enamorados. Pero me estoy adelantando a la historia.

Al llegar a casa, descargamos las maletas, bajamos todos del taxi y Aya se ocupó de pagarle. El equipaje de momento se quedó en la casa de mi familia, yo había llegado temprano y allí la tranquilidad era un plus añadido al paisaje y la vida pareció que se había detenido en otro tiempo. Vi una cabra por el patio de tierra, también gallinas, a su aire, incluso utensilios para cocinar al aire libre en una plataforma que habían construido ellos. A pesar de que tenían cocina, con todo lo que necesitaban.

El suelo de la calle era de arena roja, dejaban en la entrada un recipiente con agua y al llegar los niños y mayores se lavaban las manos y los pies. Las maletas de momento se quedaron en su casa. Tocaba cambiar la ropa por otra más cómoda. Me presentaron a los niños, había de todas las edades, empezando por la hija mayor de Aya, de unos 22 años y muy bonita, que tenía un hijo de dos o tres años, que era muy alegre y no paraba quieto. No estaba casada, por eso vivía con la familia.

Una pareja de adolescentes de unos catorce años, chico y chica, que habían perdido a su madre, su padre no los podía atender y Aya y su familia se hicieron cargo de ellos. Había otro niño pequeño, siempre estaba con nosotros. Pero no sabía exactamente la relación familiar. Vivían en esa casa pequeña casa cinco niños y dos adultos. Muchas bocas que dar de comer y el dinero, aunque Aya era profesor, no llegaba para todos. Aparte, su segunda mujer, con quien vivía en la casa, se llama Khady; me explicó que hacía trabajos en casa manuales, pertenecía a una asociación de mujeres y así podía ayudar con su pequeño sueldo.

Desde el primer momento que la vi, me gustó y con el trato más, era divertida, cariñosa y tenía una sonrisa preciosa. Una vez todos en casa, dijo que había que cocinar la cena; todas las mujeres se pusieron manos a la obra, excepto Aya y lo niños. En el tiempo que compartí con ellos, nunca ayudaba, daba por hecho que ese trabajo no era suyo, costumbres, aquí lo llamaríamos machismo.

Desde luego las mujeres se mataban a trabajar. Khady era muy buena cocinera, pero mucho. De hecho, estudió para ello y lo tuvo que dejar cuando se casó, un atraso lo veo yo, desde mi punto de vista occidental, existían muchas renuncias. La base de la comida era el arroz y el pescado, luego hacían unas salsas de muchas hierbas en un mortero gigante donde las machacaban y de ahí salía la salsa tan buena, junto a todo lo demás. Para mí hice los macarrones y me puso de su aliño.

A la hora de cenar, a mí me pusieron una mesa alargada de madera con apoyo en los pies. Aya y Khady se sentaron conmigo, pero los niños fueron todos al suelo, un hule grande, la comida en el centro y todos comían con la mano. El segundo día me invitaron a comer juntos en el suelo, pero mi rodilla no me lo permitía, ya me hubiera gustado, pero los papás sí que fueron y yo me quedé sola en la mesa. Este sería mi lugar en las diferentes comidas del día, durante los once días que estuve con ellos.

Intentábamos entendernos como podíamos, Aya no sabía nada de español, era como yo, traducía con Google del móvil; la que sabía más palabras sueltas en castellano era su esposa, las dos nos comunicábamos más, hacía lo posible por entenderla. Durante la cena reímos mucho, hablaban, daba gusto verlos alegres.

Tenían una pequeña televisión, en francés, claro. Servía de entretenimiento a los niños, pero durante las comidas estaba apagaba. Antes de comer, rezaban. Ellos son musulmanes, y a mí me preguntó si bebía, pues en su casa el alcohol estaba prohibido. Le dije que no, aunque no era cierto. El caso es que en el tiempo que estuve en su tierra, ya no necesité el alcohol, ni lo echaba de menos.

La habitación estaba cerca de su casa, pero había una luz muy tenue; así, cargados con las maletas y la luz de la linterna del móvil para no caer, fuimos poco a poco hacia ella. Me dejaron en la puerta junto a mis maletas, me ayudaron por el peso a entrarlas en casa y me explicaron el funcionamiento de la puerta. Sobre todo, no salir, ni abrirle a nadie por mi seguridad. Me dieron las buenas noches y marcharon, dejándome clara la hora del desayuno. Tener una habitación para mí sola fue muy buena idea, aunque alguna vez tuve miedo por los ruidos extraños.

Dentro de mi habitación, lo primero que hice fue abrirla para sacar los imprescindible para dormir y echarle el repelente a la mosquitera. Me apetecía un baño, y lo estrené por primera vez. El inodoro tenía un cubo de agua al lado con un recipiente para tirar agua después de hacer tus necesidades.

El agua que salía por la ducha, sus finas gotas resbalaban por mi piel, tuve muy presente no abrir la boca. El cabello lo lavaría al día siguiente, pues ya era muy tarde y estaba agotada. Con mi botella de agua mineral me lavé los dientes. Agradecí ese momento íntimo y acto seguido me introduje en mi cama, se podría decir con dosel, desde luego me costaba asimilar que yo, Manuela, estaba en esa tierra que llegué a amar mucho antes de llegar.

Lentamente me fui quedando dormida, escuchaba los ruidos de los animales, hablar y llegó un momento en que se hizo el silencio. Aquella primera noche pasó tan deprisa, que me desperté de repente y sentí un griterío que iba creciendo en intensidad, eran las aves del entorno natural cantando a las 06:00 a. m., junto a un gallo espolón y poderoso que cantaba su ya conocido quiquiriquí. Era una locura escucharlos a todos a la vez. Eran sus saludos al nuevo día.

Estaba claro que después de este despertar ya era imposible dormir. Recordé que tenía que estar en casa a la 08:00 a. m. para desayunar todos juntos, arreglarse, yo ya lo estaba, e ir a ver a la Gran Familia, comeríamos todos juntos.

En esas dos horas tuve tiempo de todo, hasta de encargarme del pelo, deshacer la maleta particular y arreglarme. Como un reloj, allí con todos estaba a las 08:00 a.m.

Al llegar estaban todos, o casi, levantados. Faltaban los pequeños, que con unas palabras, «Es hora de levantarse», raudos salieron de su habitación a gatas. Nos dimos la mano cada uno de nosotros preguntando «¿Ça va?» ('¿Cómo estás?') en español. Había que lavarse las manos. Era su ritual diario.

Desayuné leche de la que compré con algún bollo; mientras entrábamos en conversación, expliqué a Aya que por un amigo que tenía de Senegal, él me preguntó si quería ser la madrina de Awa, su hija. Me sorprendió que me lo pidiera y te preguntó a ti, yo le dije que guardaba una foto que hace poco había encontrado en Messenger y la busqué, se la enseñé y muy sorprendido dijo que era *son frere grand* (su hermano mayor). Yo quería que me tragara la tierra. Todo el tiempo pensé que era un amigo, también es cierto que me contaba lo que quería, cuando quería.

Con la sorpresa aún en el semblante, le pregunté si estaba en Senegal y yo entendí que sí, vaya nervios se me pusieron, me había metido en la boca del lobo directamente; yo, que le dejé para no verlo ni oírlo jamás, resulta que estábamos en su tierra, con su familia, en su casa. Les conté la historia. Su hermano, por parte de padre, había tenido dos mujeres y había fallecido hacía tiempo.

Expliqué como pude que él había sido mi pareja durante tres largos años, que le había querido mucho, pero luego se portó mal conmigo y lo alejé de mi vida. Fue una historia de amor que quedó inconclusa y con muchas cosas por decir. A mí me urgía una pregunta: «¿Tu hermano está casado?». Me dijo con dolor que sí. Y seguí con las preguntas: «¿Hace mucho?». Asintió con la cabeza, pero ella vivía en otro pueblo. Mis ojos se llenaron de lágrimas, comentó que él y su hermano no hablaban de esas cosas y se disculpó por él. Sí era cierto que fue policía, al menos en algo no me había mentido.

Le expliqué a Aya que su hermano me había mentido desde el primer momento, según él no estaba casado. Por ello había muchas cosas que hacía que no entendía. Que tuvo varias relaciones con mujeres, hasta tres, e hijos, pero nunca se casó. Mentiroso, no quería saber nada de él y mira por dónde iba a ir a comer a su casa, me repuse en cuanto pude.

Su mujer Khady, no sé por qué se puso a llorar desconsoladamente, yo le pregunté a Aya: «¿Por qué llora?». «Llora por ti», ella se levantó y se fue a su habitación. Aya me instó a que fuera a consolarla. Solo pude abrazarla, pues se puso de espaldas y de frente a la ventana. Así abrazadas sus sollozos fueron remitiendo. No entendía por qué le afectaba tanto. Imaginé que a lo mejor por su situación, era la segunda y por eso, aunque fueran las costumbres, no debía de llevarlo bien. Pero ellas no hablan de estas cosas. Por ello no cohabitan juntas, para no causar más dolor (es una conclusión a la que llegué).

En mi cabeza no dejaba de sonar la alarma, me dije, y supe por eso que el corazón me decía insistentemente «Tienes que ir a Senegal, tienes que ir a Senegal», creo en esas cosas. De alguna manera me tenía que enterar de la verdad, aunque él nunca sabría ni comprendería el daño tan grande que me hizo. Me preguntaba que, cuando me viera, cómo reaccionaría. ¿Y yo? No podía imaginarme peor escena para vivir.

Para ir a Loudia Ouoloff tuvimos que solicitar un taxi. Aya tenía una moto y me propuso ir de paquete, cosa que rechacé porque tenía miedo y la carretera no era tal, llena de surcos y barro de las lluvias, además ese lugar le pertenecía a Khady, el resto fuimos en taxi.

Cuando el taxi nos dejó, pues no se podía adentrar tanto en la espesura de esas tierras, caminamos admirando, yo al menos, la extranjera, esos árboles inmensos, altos y plenos de hojas verdes. Era alucinante la naturaleza, todo emanaba tranquilidad. Precisamente paz interior, era eso lo que necesitaba y supe que allí la encontraría.

Nos acercábamos a la casa grande y mi corazón comenzó a latir más deprisa, solo de pensar que lo tendría cara a cara. Ya no había marcha atrás, que fuera lo que tuviera que ser.

Ya vislumbramos la construcción de la casa y cierto es que era grande, con muchas habitaciones, un lavadero y tendedero, fuera, agitaba el viento la ropa que había tendida, niños correteando y árboles, vegetación por todas partes, tenían un árbol en el centro de su propiedad, alto y lleno de hojas verdes que daban mucha sombra.

Enseguida que nos vieron, iban saliendo de su casa, los saludamos, había hermanos pequeños, grandes, sus mujeres, sus hijos, normalmente la prole era extensa, la madre. Eran muchos familiares, por ello la Gran Familia. Me invitaron a entrar y conocer la casa, cada puerta que había me decía quién habitaba en ella, no había dicho aún el nombre de él, yo estaba como un flan, salieron todos, pero él no. A lo mejor entendí mal, no sería extraño, y no se encontraba en su tierra. Él normalmente estaba allí cuando podía ir hasta febrero, ahora era marzo. La última vez que se fue y rompí con él, volvimos a hablar y no tenía suficiente dinero para volver a Barcelona, era marzo, la vez que más estuvo y se lo di yo, por ello pudo regresar.

No salió, eso quería decir que no se encontraba en su tierra, qué descanso, pues ni me imagino qué hubiera podido pasar. De momento dejé a un lado estas emociones y me centré en la familia, que es la de Aya. Todos vinieron a saludarme. Por lo menos había reunidos unos veinticinco familiares, más nosotros, siete más. Me dieron la mano y preguntaron: «¿Ça va?».

Era increíble ver a toda la gran familia reunida, reían, los hombres me preguntaban cosas, algunos de ellos hablaban un poco español. Luego inmortalizamos el momento, Aya además había tenido un nuevo hijo, varón, y me enteré de que era de su primera mujer, que vivía en la casa grande. Él podía cohabitar con las dos. Khady no le había dado hijos todavía, también es cierto que no hacía tanto que estaban casados. Para ellos que su esposa tuviera descendencia era importante.

Se conocieron y enamoraron, ¿para qué perder el tiempo? Enseguida a vivir juntos, no como en Europa, que existe el noviazgo. Conocí a la madre de Aya, era muy mayor y estaba cubierta de ropa y el pañuelo del pelo era muy llamativo. Sentías ternura al verla, me cogía de la mano, estaba contenta.

Una vez acabado este ritual, pues a Aya al igual que a mí le gustaba hacer fotos de cada momento, ya era la hora de comer. Los pequeños comían aparte y los adultos en una mesa redonda, el plato con arroz y pescado estaba delicioso. Me dijeron que comía poco, que así no tendría fuerza, pero es que yo no acostumbro a comer mucho, les dije.

Sentía grandes emociones de estar ahí, entre ellos, una senegalesa más. Cuando acabamos de comer pusieron una mesa grande, debajo del árbol verde y frondoso. Allí se tomó té, café, entrando entre ellos en conversación, no entendía su idioma y sin querer se me cerraban los ojos. Me preguntaron si quería descansar un poco, a lo que respondí que sí. La madre de Aya me ofreció su habitación y cama, su cuarto estaba lleno de cosas por todas partes apiladas y se sostenían entre ellas, era curioso.

La ventana era de madera y estaba abierta, se colaba el sol, así que la entorné lo suficiente para mantenerla en la oscuridad. Su cama se convirtió para mí en una nube suave, esponjosa. Dejé que mis músculos se relajaran, había sido un día lleno de emociones.

Tenía mucho que asimilar. Conocí también a la madre de mi expareja, vivía un poco más abajo, de la casa grande con una hija y una hermana. Me acompañó la pareja. Era menudita, pequeña, como frágil; pero no, era fuerte, tenía más de noventa años, iba encorvada sujeta a un bastón hecho de la rama de un árbol e iba de un lado para el otro. Nos saludamos con las manos. Aquí en este momento ella se encontraba sentada bajo ese árbol en una tela grande, Aya me animó a que me sentara, fue dificultoso, pero lo conseguí y me hizo una o más fotos con ella. Había conocido a su madre, tan importante para él. Luego para levantarme del suelo me tuvieron que ayudar.

Después de intentar descansar, más bien dormir, no lo conseguí: permanecí por tiempo allí tumbada, escuchaba los ruidos, la conservación de los reunidos a la vez que mi cabeza procesaba todo lo vivido. Me levanté por fin y salí a la luz del día, allí seguían los mayores, algunos pequeños dormían en sus habitaciones. Con cortesía preguntaron si había descansado, a lo que tuve que decir que sí.

Estuve con Awa jugando, se dejó coger por mí, es una niña despierta, parecía más grande que su edad. A veces me rehuía, era normal, pues no me conocía de nada. Aya, su padre, le había hablado de mí, incluso le había dicho que yo era su madrina *(sa marraine)* y también cuando hablaba con él me decía que ella era mi hija. Era cuestión de que se fuera acostumbrando. A la par sostuve entre mis brazos al pequeño miembro de la familia.

Ya se iba haciendo tarde y había que regresar a casa, todos se interesaron por saber si volvería, cosa que no sabía, puesto que solo vine por once días y dos de ellos se fueron en el largo viaje. Nos despedimos con un à bientôt (hasta pronto).

Volvimos a hacer el mismo recorrido, en taxi nosotros y en moto la pareja. En casa me fui a mi habitación mientras ellos tenían un poco de intimidad familiar, para luego volver a vernos para la cena. En mi habitación, me puse a reflexionar sobre mi expareja y pensé llegar hasta aquí, su tierra, para encontrar una verdad escondida. Todos en mi tierra me decían que seguro que estaba casado, pero yo me negaba a creerlo. Confiaba en él y no dudaba de su palabra, aunque el tiempo me hizo ver que algo pasaba.

Escribí su nombre en un papel y lo quemé. Sus cenizas, las llené con el agua del cubo y las tiré al inodoro, para que se fuera de mi vida; en este caso no existía cisterna, volqué agua para que se fueran lejos, muy lejos. Fue un golpe saber eso y que no te afectara en lo más profundo de tu alma. Para nada estaba olvidado.

A la hora de cenar en punto, ya estaba con ellos. Aparté de mi cabeza la noticia y me dediqué a conocerlos y disfrutar de su compañía. La pregunta era inevitable: «¿Lo has pasado bien?», preguntó Aya y contesté que sí, muy bien. «Ya viste cómo es de grande nuestra familia». «Yo también —dije— provengo de una familia numerosa, somos siete hermanos, pero allí cada uno vive en su casa».

Allí me enteré de que Awa era hija de su primera mujer, pero vivía a veces con su padre. Khady y las mujeres estaban haciendo la cena. Me ofrecí para ayudar, pero no me dejaron. «Tú sienta», por toda respuesta. Primero rezaban y luego cenamos en armonía, desde ese día comí siempre en la mesa y ellos en el suelo. Me habían preparado para el día siguiente una sorpresa, ir a conocer la fábrica y cómo se hacían los anacardos, este fruto seco era muy rico en hidratos de carbono, proteínas, grasas y minerales, como el triptófano, el aminoácido de la felicidad. Se podía ir andando, aunque estaba un poco lejos.

Me alegró saber cosas nuevas de este país tan acogedor como sus gentes. Los niños reían mucho y yo francamente no sé muy bien cómo me hice entender y que yo les entendiera a ellos. Pero me perdí mucha información por no hablar francés.

Después de la cena y recoger, me acompañaban a mi alojamiento, yo les decía que estaba cerca, que no hacía falta, pero a ellos no les importaba. Era noche cerrada, la luz poca y tenue. Se quedaban más tranquilos dejándome en la puerta, se sentían responsables de mí. Como debíamos madrugar, dormir bien era necesario para coger fuerza.

Dormí a trompicones, él estaba presente en mi cabeza, lo cierto es que no le dejé marchar. Finalmente me quedé dormida en la lejanía y el silencio de la noche, hasta que el cántico de las 06:00 a. m. llegó a mí en estruendo de gorgoteos y cantos de las aves junto al quiquiriquí del gallo, dándonos los buenos días. Es cierto que me acostumbré a su canto. Cuanto menos era original y sentía que cada una de ellas me saludaba personalmente.

Ya con este despertar era imposible dormir, me quedé un poco más en la cama haciendo tiempo hasta que me levanté para asearme, vestirme, siempre quedábamos a las 08:00 a. m. Volví con mi ya familia, pues ahora tenía dos. Me uní al desayuno, había comprado leche y galletas, para este fin. Los pequeños no venían con nosotros, solo los tres. En el poco tiempo que llevaba viviendo con ellos me había dado cuenta de que eran muy obedientes, cuando los mayores les reñían; pero lo que más me gustaba de ellos era su risa, siempre reían, ¡qué maravilla!, para mí la quisiera, reír por lo que sea. Debe de ser hermoso, además de hacerte sentir bien.

Los tres vestidos para la excursión, Khady llevaba pantalones, me sorprendió, ella siempre iba con vestido largo. Por supuesto, el pañuelo en la cabeza le sentaba muy bien, su cara redonda resaltaba sus facciones, el caso es que era muy guapa, con una bella sonrisa. Yo también me puse el pañuelo que Marina, mi amiga, me regaló. Me lo puse parte en la frente y parte en el cabello, sujetando mi pelo largo detrás, en la espalda. Entendía ahora. Entendía ahora la función de los pañuelos, aparte de que formaran parte de sus costumbres, te protegían del sol. «¿Listas?», preguntó Aya. «Sí», dijimos nosotras al unísono.

Comenzamos a caminar, fuimos por parajes que ellos ya conocían, había una especie de sendero, árboles, vegetación abundante, incluso pasamos, más bien rodeamos, un cementerio, que según me contaron no era bueno entrar en él. Caminamos y caminamos, cuando de repente nos paramos en un cartel metálico. Era como una señal informativa de tráfico, en mal estado. Donde anunciaba que nos encontrábamos a las puertas de la fábrica de anacardos.

La había imaginado de otra forma, hecha de paredes, tejado, puertas y ventana, dentro de ella los aparatos de fabricación. Nada más lejos de la realidad. Lo primero no existía, era todo al aire libre, sencillo y rudimentario, pero era muy trabajoso. Nos recibió un trabajador que ya sabía que veníamos, hablaba un poco más español, menos mal para mí, nos saludó y comenzó a explicarnos el proceso. Los árboles que rodeaban la fábrica eran los que producían este fruto seco. Hizo hincapié en que nunca había que arrancarlos de sus ramas, sino que debían caer a la tierra por sí mismos. Lo que significaba que habían madurado.

Después se recogían manualmente, menudo trabajo, y cuando había una cantidad suficiente, en una especie de artefacto metálico con un tubo alargado que llevaba el fruto a otro recipiente donde se depositaban, era agua caliente, y debajo la madera para que el calor se mantuviera y se ablandaran para quitarles las impurezas. Después de eso, se ponían a secar al sol y se introducían después en un horno de piedra colocados en bandejas, unas seis, para que se tostaran. Luego se dejaban enfriar y eran envasados en bolsas transparentes, los había de sabores, por ejemplo, plátano y el tradicional. Los tenían todos expuestos en unas cestas con su etiqueta y todo. Desde luego todos le compramos, cada bolsa costaba un euro.

Había sido una lección magistral de cómo con herramientas rudimentarias y mucho trabajo se podía fabricar. Le dimos las gracias. Volvimos por el mismo camino, aunque, si llego a ir yo sola, me pierdo. Las ubicaciones no son lo mío. Aya en la vuelta se dedicó a hacernos fotos a Khady y a mí, mientras hablábamos y reíamos.

Habíamos consumido gran parte del tiempo de la mañana, estaba contenta de conocer cosas nuevas, mi curiosidad por descubrir era grande, esto no lo hubiera podido conocer de ir en un viaje planificado para visitar lo más bonito de la Baja Casamance; sin embargo, viviendo con mi familia, podía conocer cómo eran, cocinaban, se comportaban, sus costumbres y muchas cosas más y lo que no sabía todavía era lo mucho que este viaje significaría para mí.

Había sido una buena caminata y llegamos a la casa familiar cansados, las hijas habían preparado la comida que les indicó

Kadhy, nos lavamos las manos, allí en casa siempre se lavaban las manos cada vez que se comía. En la cultura occidental también, pero muchas veces no lo hacías, allí era obligatorio, por llamarlo de alguna manera.

Mi dormitorio era mi espacio personal, allí, libraba mis pequeñas batallas con mis pensamientos. Me sentía en la gloria, no echaba de menos nada, ni a nadie; era yo y el silencio. Sentía que eso tenía que ser la paz interior.

Después de comer y descansar, fui a darme una vuelta por los alrededores de Oussouye, no había apenas tiendas, una de comestibles y otra de tarjetas de móviles (estas no podían faltar). Seguí caminando y descubrí un edificio de casas bajas, vallado con muros, donde un cartel informaba de que era un campamento para niños. También vi un hormiguero gigante, era como un enorme cono blanco, una curiosidad. Me gusta mucho la naturaleza.

De vez en cuando me cruzaba con algún habitante de este distrito, que me saludaba, «Ça va?» ('¿Cómo estás?'), y poco más podías ver, árboles y más árboles y vegetación. Hubo una cosa que me llamó la atención y fue que había muchos papeles y desechos tirados por la hierba, no existían papeleras y recordé entonces mi último trabajo de informadora ambiental. Ya volvía para casa, no quería que se preocuparan por si me había perdido.

A la hora de cenar ya había planes para el día siguiente, iríamos cerca de Ziguinchor a visitar a la hermana mayor de Khady, que se encontraba en avanzado estado de gestación y hacía tiempo que no se veían. Lo que significaba que tendríamos que ir en taxi. Pasaríamos el día juntos, comeríamos allí y luego la intención era ir a ver el mar y bañarme en él.

Madrugamos y salimos a la carretera principal a esperar que viniera el taxi, solo íbamos los tres. La hija mayor de Aya quedaría al cargo de los niños. Era como una villa, dos grandes puertas cerraban el paso, llamamos y con gran alegría nos recibió Aida, su hermana. Nos abrazó y besó: nos presentaron, a mí como Manuela, era fácil quererla, pues era risueña y amable. Se le notaba que le faltaba no mucho para dar a luz; de hecho, nos dijo que un mes.

La casa era grande, tenía diversas habitaciones, dispuestas en fila, un porche, con aves que correteaban por el patio, una pequeña plantación de hierbas alimentarias, el baño, fuera, alejado y como mucho constaba de un agujero en el suelo, allí no existía el inodoro. Imaginaos, y al lado el típico cubo lleno de agua con otra jarra más pequeña para que lo que fuera se marchara por el desagüe. Habían matado un ave en mi nombre, era un honor, y vi como lo limpiaban, le quitaban las plumas, Khady la ayudó y otra joven que trabajaba como en una especie de espectáculo.

Me propusieron vestirme de senegalesa y claro que dije que sí; me vistieron ellas y estaba la mar de guapa. Me pidieron que arrancara unas cuantas hierbas del huerto para la salsa para aliñar el ave, que iría acompañada de arroz y la salsa adecuada para ello. Aquello me recordó a mi abuela Tomasa, que tenía gallinas en un corral, las criaba, ponían huevos y alguna mataba, yo lo vi sin querer, no quería ver eso, me daba miedo la sangre. Luego, en un caldero de agua hirviendo, introducía las gallinas y eso hacía que fuera fácil quitarle las plumas. No se me olvidó, jamás. Por eso creo que le tengo miedo a la sangre y a las armas blancas.

Una vez que recogí las hierbas, me ofrecieron tomar algo y pedí café con leche, pero con agua embotellada y sí se la pusieron, pues lo vi. El caso es que un rato después, comencé a sentirme mal, me dolía el estómago y se revolvió. Se lo dije a Khady y me aconsejó tumbarme un rato en la cama hasta que estuviera la comida y me puso las manos en el estómago y me dijo: «Así como estás, mejor no te bañes en la playa, iremos solo a verla». Jolín, yo que deseaba sentir ese mar en mi piel; pero ella sabía más. Creo que tenía un don especial.

Descansé, pero sin dormir, mientras hicieron la comida, me avisaron de que ya podía venir, ya me sentía un poco mejor, y comimos ese arroz con pollo, con sus hierbas; estaba riquísimo. Estábamos en el porche, donde había sombra y se estaba fresquito. Delicioso, tan buena cocinera Aida como Khady. Me comentó que como no sabía todavía, hasta que no naciese, el sexo del bebé, si fuera una niña, de segundo nombre le pondría Manuela; otro honor, me emocioné y le di las gracias.

La joven que trabajaba en un espectáculo me estuvo enseñando palabras en wolof, el dialecto que se habla allí, las palabras o preguntas más habituales y las anoté en mi cuaderno, siempre llevaba uno por si surgía la inspiración. Nos fuimos por la tarde y Aida me sorprendió con un regalo, era una bolsa de tela hecha por ella y unas frutas que guardé en ella y nos fuimos al menos a ver la playa. La abracé y nos fuimos. Había al menos que ver la playa y sentir en mis pies el frescor. Cogimos otro taxi.

La playa no estaba lejos, era enorme, y su arena blanca y fina también tenía mucha luz. El mar se adentraba y tenías que ir caminando para que te fuera cubriendo, pero yo solo me quería mojar los pies; además, tuve la suerte de escuchar a un grupo de músicos del país, tocando con sus instrumentos, música tribal, al lado del hotel a pie de playa. No pude resistir, mi cuerpo, aunque mi rodilla todavía no estaba bien, comenzó a bailar; Khady me siguió y ya grabando, cómo nos reíamos, hasta que comencé a sentir molestias y lo dejé. Era imposible no bailar.

Me fui a la arena fina, me quité el calzado y abrí los brazos, en señal de total libertad. Hacía mucho viento, con mi pañuelo de colores en la cabeza, parecía senegalesa, sin duda ya lo era. Aya no dejaba de hacer fotos, me decían que nos teníamos que ir, pues el taxi esperaba, pero vi a un hombre senegalés, vendía abalorios del país, me acerqué a mirar: pulseras, colgantes, muy variado; pero no podía comprar nada, pues el dinero se lo quedó Aya y el vendedor cogió una pulsera de cuentas con los colores de su país y me la regaló, qué ilusión me hizo.

Le agradecí de todo el corazón ese gesto tan bonito. Después del detalle, no pude demorar, por más tiempo mi estancia en el mar, pues el taxi seguía sumando su tarifa. Fue breve el momento, ningún día más iría a esa playa, hasta el final de mi viaje; pero me estoy adelantando a la historia. Volvimos a casa, pero la pareja decía cantando que a Manuela le gusta bailar. Nos reíamos como si hubiera sido un descubrimiento, pero en realidad sí lo era para ellos, que no pensaban que pudiera bailar así, siendo una grata sorpresa. Echaba de menos bailar, ya solo haciendo eso, me hice el esguince de rodilla. Había sido un día genial para no olvidar nunca.

Ya llevaba tres días conviviendo con ellos y me faltaban solo cuatro días, mas no quería pensar en eso, solo quería disfrutar cada momento. En realidad, fueron pocos días, once, de los cuales cuatro se fueron en los viajes de ida y vuelta. Un viaje tan largo es para ir más tiempo, pero mi amiga me dijo que eran suficientes para ser la primera vez: «¿Y si no te gusta?». Tenía razón. Si era que sí, querría regresar y qué acertada estuvo, pues justamente fue eso lo que ocurrió, cuando pueda quisiera volver, pero de otra manera.

Allí con las dos horas de diferencia con respecto a España y anochecía más tarde, eso sí, sus cielos tenían muchas estrellas, era una vista increíble, como en los documentales, allí no había apenas construcciones y sí, todo naturaleza ni contaminación, ni nada. Era salvaje pero precioso.

Esa noche dormí como nunca, era la paz, cada vez mi persona estaba más impregnada de la calma y eso me hacía sentir bien, etérea, con alegría.

En la cena la graciosa Khady hizo una imitación, vestida de hombre y no paramos de la risa, interpretaba muy bien a un militar, le quise hacer una fotografía de cómo iba vestida y salió corriendo a su habitación, ¡qué pena, la foto fue tarea imposible!

Los miraba y se notaba que se querían y hacían gracias y juegos entre ellos y reían y reían.

Era reconfortante verlos así. Me di cuenta de que nosotros, los occidentales, tenemos todo y no estamos satisfechos, nos quejamos. Cuando en Senegal las familias se tienen que preo-cupar, sobre todo de la comida del día, hoy, por ejemplo, solventar asuntos (de todo tipo) sobre la marcha, tener trabajo es imprescindible, pero ganando poco y haciendo maravillas con él. Desde luego no sabemos lo afortunados que somos, pero siempre se quiere/queremos más o te falta algo, no te conformas, no vives el presente. Nos preocupamos por el futuro no estando contentos y además preocupados. Ellos, que no les pasa eso, siempre tienen una sonrisa en la boca y un «gracias». Todo se agradece.

Aya iba todos los viernes a rezar a una mezquita, no podía dejar de hacerlo; él y toda su familia eran musulmanes. Se rezaba antes de cada comida y oraban a unas horas determinadas. Me sorprendió mucho cómo iba vestido ese día, concretamente, con una casaca de color blanco pureza, almidonada y bordada, sin una sola arruga, elegantísimo. Se montaba en su moto, a veces se llevaba a algún hijo o familiar, varón. Regresaba sobre la hora de comer.

Una o dos veces cociné de lo que compré y luego ellos hicieron una comida con pasta y con sus aliños, pescado o ave, les quedó muy rico, probé su comida, estaba deliciosa y no me sentó mal, al contrario, me apetecía más. Allí todos comían con la mano de una fuente grande y yo seguía en mi banco mesa comiendo, pero sin tocar el suelo.

Recuerdo que en su casa de adobe y madera corrían las hormi-gas por la pared y me pareció muy ancestral ver cómo cocinaban al fuego de leña, en un caldero. La cabra se daba sus paseos por el espacio libre de fuera, era tranquila. Quise ayudar a hacer algo, les recogí la ropa tendida en la parte trasera de la casa, que estaba colgada en unas cuerdas. La verdad, poco trabajé, lo hacían todo ellas. Me preocupaba, eso sí, de tener mi habitación impoluta.

Ese día ya había planes para el siguiente, volvimos a Ziguinchor de compras caseras. Allí como ya mencioné se encontraba toda la actividad comercial, daba gusto ver tanta gente y colorido, el viaje se aprovechó para comprar una bolsa de cebollas. Entramos al mercadillo, allí aparte de comida, legumbres, fruta, carne, también había telas y vestidos típicos del país; la verdad, si hubiera tenido yo mi dinero, me hubiera comprado uno, pero no, lo tenía la familia y a mí me daba apuro pedírselo. Encontramos en un pequeño mercado artesanal, todo hecho a mano, tanto pinturas como vasijas, también adornos para mujer de calidad.

A mí me gustó una mochila roja con muchos colores, práctica y cómoda de llevar. Me preguntó Kadhy: «¿La quieres?». «Sí», le dije. Me la enseñaron y estaba muy bien hecha y cosida. Al menos un recuerdo que pudiera usar de este hermoso país. Salí contenta, allí ya otro hombre senegalés quería mi contacto, para hablar. Aprovechaban la oportunidad cuando veían a una mujer blanca.

El caso es que por la noche me llamó y no se lo cogí, era tontería alimentar algo en la lejanía, un sueño; también era muy poco atractivo. «Y realmente si no me gusta —me pregunto—, ¿por qué le das el teléfono?». Era pura contradicción.

Al mismo tiempo les dije a Khady y a Aya que les invitaba a comer, ya era tarde y tenía al menos un detalle con ellos. Era festivo, Semana Santa, y muchos niños tomaban la comunión de blanco impoluto. Por ello, había pocos restaurantes abiertos y al que fuimos, ellos pidieron arroz con pescado, no les gustó, pues no estaba bien cocinado; ninguno comió, qué chasco, me supo fatal. Yo pedí algo más, pero sin cerdo, y picaron de mi plato. Después volvimos al taxi.

Los días pasaban rápidos, ya me acostumbré a los nuevos despertares, cada día que pasaba me sentía impregnada de una serenidad y tranquilidad envolvente.

Pude ver también en Ziguinchor un lugar muy concurrido de personas, donde estaban los taxis y había una mesa donde un encargado facilitaba el *ticket* para tener derecho a uno, previo pago y dependiendo de las personas que transportaba. El lugar era parecido a estar en una timba de jugadores.

La verdad es que, si querías visitar algo o a alguien, los taxis son necesarios, mira por dónde, a Aida se le adelantó el parto y se encontraba en la Maternidad, había que ir allí para verla y saber cómo se encontraba. Al día siguiente fuimos de nuevo cerca de Ziguinchor, estaba más apartada, evitando así el bullicio de los comercios. La estructura de la Maternidad era un edificio grande de ladrillo. Khady estaba contenta e inquieta a la vez, pudo entrar a la sala donde Aida se encontraba, después entré yo, había tenido a su hija, pero tenía muchos dolores y la tenían que llevar al quirófano. La felicitamos y le dimos una mano para reconfortarla.

Menos mal que tendría dinero para que la atendieran a la hora del parto; si no, tienes que parir en casa y a saber qué puede pasarte. Afortunadamente todo salió bien, nos quedamos en la sala de espera, hasta que nos dijeron que Aida ahora descansaba y todo había salido como esperaban. Se recuperaría pronto, esto depende, ya sabéis, de cada mujer. ¡Qué alegría! Ser madre y dar vida. A esa pequeña niña de segundo nombre le pondrían el mío, Manuela, ya dos. Qué honor para mí, me causó emoción.

Fue un día muy intenso por la incertidumbre. Aida era mayor que Khady, la espera, verla sufrir, nadie comprende más esta situación que la persona que ha tenido un hijo. Felicidades, Aida.

La visitamos ese día y, hasta que yo me marché, solo se comunicaban ambas hermanas por WhatsApp y nos envió la foto de la pequeña, que era muy bonita y tenía unos buenos mofletes, con su gorrito en la cabeza. Te llena de nostalgia, pues sin querer piensas en tu propia experiencia. Ir más veces a Ziguinchor ya no podía ser, demasiado dinero, así que por videollamada o mensaje se comunicaban. La pequeña Manuela cada día estaba más bonita.

Khady reía mucho, intentaba hablar español para entenderla y que yo me hiciera entender. A veces según la cara que yo ponía me preguntaba: «¿Tú entiendes?». Los idiomas, debo reconocerlo, me costaba mucho aprenderlos, los idiomas se me habían atragantado desde la EGB (Educación General Básica). Y eso que en mi tiempo de estudiante la segunda lengua era el francés. Nunca logré aprobar ningún examen. Me quedaron pendientes las Matemáticas y la Lengua Francesa.

Tiempo después, a los dieciocho años, me propuse obtener mi título de Graduado Escolar y me inscribí en una escuela de adultos y aprobé ambas asignaturas, de lo cual me sentí muy orgullosa. Se trataba ya de algo personal, y me decía a mí misma «Tú sí puedes». Aunque sea un diploma básico, para algunos estudios, carreras e incluso para opositar en la Administración pública, era necesario tenerlo.

Solo me quedaban tres días de estancia en el país y dos de ellos eran el propio largo viaje, o sea, mañana era mi último día en Oussouye, qué deprisa pasa el tiempo. Pero estaba claro que se necesitaba por lo menos un mes para visitarlo en plan turístico. Por eso quiero volver a ir, de otra manera, y visitar a mi familia y ahijada Awa, pero sigamos con la historia.

Yo había cambiado, lo notaba dentro de mí. Me sentía en el paraíso, sin preocupaciones, dejando que mi espíritu renaciera en esa tierra roja de Senegal. Ese día llegó un invitado, más bien una sorpresa, llegó el hermano de Khady, que había estado durante un tiempo trabajando en otro país, en algo relacionado con el mundo eclesiástico. Me lo presentaron. Ellos tenían mucho de qué hablar. No quise ser un obstáculo, así que me fui a dar un paseo por los alrededores. Sobre todo, Khady, me dijo: «No te pierdas».

Tenía tendencia a eso, problemas desde siempre con las ubicaciones, pero me fijaba en cosas que veía, los puntos de referencia, para la vuelta a casa. Recordé que una de las veces que él se fue, a ver según él a su madre, me comentó que había un río que no vi por ningún sitio. La zona era totalmente verde. ¿Otra mentira? Dejé mis lúgubres pensamientos. Adoraba los gigantescos árboles, en los que en las oquedades de su corteza cabía una persona, en ellos otro día me hicieron unas fotos preciosas.

La naturaleza cobraba su protagonismo, ella llegó mucho tiempo antes que nosotros, los humanos. Caminé con lentitud, saboreando un entorno tan mágico, olores a diferentes especies de arbustos, flores vi pocas, el espacio en algunos tramos era totalmente desnudo a modo de sendero o camino, el sol se colaba entre los árboles y las zonas desnudas de ellos, allí se sentía la libertad. Estuve largo rato por esos parajes, hasta que me di la vuelta en dirección a casa. Les había dejado hablar largo y tendido. En esos momentos la intimidad era necesaria.

Además, no me enteraba de nada por motivo del idioma, pero he de decir que, si te quieres hacer entender, buscas la forma. En ningún momento me sentí aislada por ello. Se quedó a comer, toda la familia estaba muy contenta. Pasada la sobremesa se marchaba a visitar al resto de familiares. Supe que Khady me iba a acompañar en la travesía del ferri. Ella tenía mucho miedo, pero lo hacía por mí. Nunca quiso viajar en el ferri desde que sucedió la tragedia en la que perdió a familiares y amigos.

El MV Le Joola, un transbordador que zozobró a la altura de la costa de Gambia, el veintiséis de septiembre del año 2002, durante una tormenta, dejando 1863 muertos y 64 supervivientes. Dicen que iba sobrecargado de personas y que los auxilios llegaron por la mañana, cuando prácticamente se habían ahogado la mayoría de los pasajeros y el resto de supervivientes los salvaron los pescadores que iban en sus canoas. Qué grande y triste tragedia.

Aya tuvo que volver a Ziguinchor al puerto en la moto, a comprar el billete de Khady y cambiar el mío, pues la compañía aérea canceló mi vuelo y salía el día 6 de abril, en lugar del 5. Cobraban un suplemento por el cambio y a sumar la gasolina de la moto.

Ella me hizo un gesto de amor, a pesar de su miedo, ella lo hacía por mí. Se lo agradecí, aunque no era necesario en esta ocasión, pero no podía rechazarla. Esta vez viajábamos en butaca. A ella y a mí cuando llegáramos al puerto de Dakar, nos recogerían amigos de su esposo Aya y nos llevarían a la casa de la mujer del militar, donde dormí la primera noche.

Tenía que hacer la maleta, así que me fui a mi habitación y Khady hizo lo propio. A la maleta roja de diez kilos se le rompió la cremallera y tuve que dejarla allí, ellos le darían algún uso. Como llevé además la de treinta kilos y no era mía, sino de mi amiga, trasladé mis cosas a la grande y me sobró espacio. La hice con calma para no olvidar nada, me daba pena saber que ya me tenía que marchar a Barcelona. Los días, si son pocos y estás tan a gusto, pasan volando.

Llegó la hora de cenar y a las 20:00 p. m. estaba ya con ellos. Khady había cocinado un plato especial para mí de macarrones, muy bien adornado con las salsas. De hecho, ella estuvo en la escuela de hostelería dos años, iba a ser, es una gran cocinera. Lo dejó porque se casó. Renunció a su sueño por amor. Estaba riquísimo. Nos teníamos que levantar pronto, la cena fue alegre, los niños lo hacían todo más fácil. La hija mayor de Aya cuidaría de todos los niños en ausencia de Khady y Aya, que nos acompañarían al puerto. Su padre le advirtió que no saliera y dejase a los niños solos. Precisamente el día cuatro de abril era el día de la Independencia de Senegal. Durante todo el tiempo hubo festejos, yo en realidad no vi ninguno.

Para ir al puerto de Ziguinchor el transporte fue un taxi, como siempre. Los pasajeros tenían hasta tres horas para embarcar en él. Viajábamos de noche también. Qué diferencia de ir en litera a hacerlo en butaca, o sea, sentados, también era más económico. Un gasto extra para ellos, esperaba que con el dinero que llevaba, al principio Aya se lo quedó y administró, hubiera suficiente. Tampoco hice tantas cosas, lo que más el transporte. Aya y Khady se despidieron. Tardaría en regresar a casa al menos dos días, pues también me acompañaba al aeropuerto. Le di las gracias.

Viajaban muchas personas; conforme pasábamos el control de pasaportes antes de embarcar, el policía nos llamó la atención. Mi pasaporte no tenía el sello de entrada en el país. Khady y el policía hablaban en su idioma. Entonces recordé que cuando llegué a Dakar, había una fila de personas delante de una ventanilla y yo me lo salté involuntariamente. Una persona se acercó a mí a preguntar si me había perdido. Dije que me venían a buscar y me hizo ir por una rampa y era allí donde me esperaban. Por lo tanto, fue en ese momento.

Khady terminó la conversación con el policía y nos dejaron pasar, no sin antes estampar el sello en el pasaporte del día de salida. Era como el control de un aeropuerto, donde miraban el equipaje y todo. Cuando nos dijeron que podíamos embarcar, subimos por unas escaleras y fuimos a parar a la cubierta del barco. Allí había otros accesos, como diversas puertas para entrar o salir; allí se encontraban, como si fuera un camarote gigante, las butacas. Los trabajadores del ferri a cada pasajero nos dieron una manta, ya que por la noche refrescaba.

Khady se sentó al final de una fila, por si había que salir al baño, yo a su lado sentía que tenía miedo, pero ella no lo demostró ni se quejó, en ningún momento, es fuerte. Desde el minuto número uno, se envolvió por completo con la manta, estaba como encogida, en ese momento me pareció vulnerable, no sabía por qué tenía que pasar miedo, si yo podía ir sola. Apenas se movió durante la travesía toda la noche; además, el río Casamance estaba bravo y se balanceaba el ferri.

Yo era propensa al mareo y me tomé una pastilla de biodramina y a Khady le di otra. Pero era igual, el malestar no te lo quitaba nadie, pero por lo menos las dos no vomitamos. Me hubiera gustado salir a cubierta, se podía, la gente salía a fumar, a ver el río, el paisaje al anochecer y yo, que adoraba hacer fotos, no salí, pues no quería dejar a Khady sola.

La diferencia de litera a butaca era abismal. Con mi rodilla dolorida me tuve que levantar varias veces y caminar por el pasillo, pues siempre sentada, sin caminar, mi pierna se ponía rígida. El ferri llegó por fin a su destino: Dakar. Khady se desenvolvió, me dijo que se tapó toda, pues la luz tan blanca del habitáculo, aunque después bajaron su intensidad para poder dormir, les molestaba a sus bellos ojos, los tenía delicados. Le pregunté: «¿Estás bien?». Y me dijo que cansada. No me extraña.

Cuando sonó el aviso de que habíamos llegado a puerto, mientras atracaban, nos fuimos desperezando y la mayoría de los pasajeros se levantó de la butaca, se veían los rostros cansados de no haber dormido bien y otros como si nada. Hay personas que se duermen enseguida y del tirón (qué suerte, yo no sabía lo que era eso desde hacía milenios). Las pastillas para dormir hicieron su aparición, pues puedes estar sin dormir un tiempo, pero la salud se ve afectada y valoras los pros y contras, esto me lo dijo mi médico de familia.

Primero tuvimos que devolver la manta, después seguimos preparados en fila para poder salir ya de la cabina y de pronto se abrió la puerta más grande y nos dijeron que cuidado al bajar las escaleras, eran metálicas y teníamos que hacerlo de uno en uno, e iban a dar a la tripa del ferri. Mi rodilla se resintió un poco, bajarlas era lo que me hacía más daño.

Aquí pasó algo parecido a lo que ocurrió con las maletas al llegar a Ziguinchor, cuando mi llegada, todas en desorden, apoyadas en el suelo; como iba con Khady, entre las dos rápido encontramos nuestras cosas. También quisieron ayudarnos a llevarlas e incluso avisar a un taxi, pero ella se los quitó de encima. Lo cierto es que era muy buena, pero también sacaba su carácter cuando era necesario. Nos esperaban fuera del puerto. Amigos del familiar militar de Aya harían lo mismo que por mí aquella noche.

Ahora era de día y una vez subidas en el coche, pude apreciar el paisaje que apenas vi con las luces tenues del país.

La carretera era un caos de coches, había muchos y corrían como alma que lleva el diablo, hasta llegar a los vendedores ambulantes, allí se hizo un embudo y aprovechaban para intentar vender cualquier producto que tenían entre las manos. Era dura la vida en Senegal.

Los conductores, ambos jóvenes, pusieron la radio con música que me sonaba de artistas africanos; Khady les preguntó algo, corrían por las carreteras de Dakar y ya dijeron que quedaba poco para llegar a la casa. Pude ver a la luz del día el mar, unas playas muy anchas llenas de cantos rodados y conchas. Eso quería decir que en nada estábamos en la ciudad, era la misma a la que fui a descansar el día de llegada. Efectivamente se colocó en el carril derecho para girar y entrar; allí nos detuvimos, había una barrera y la caseta de la policía, se acercó a nosotras y nos pidió la documentación, en poco regresó, estaba todo bien, ya sabía que vendríamos, la mujer del militar les había advertido.

Se encaminó el que conducía por las calles conocidas, pues era una ciudad pero militar, y se detuvo en el número correspondiente, bajamos las maletas y subimos al piso donde residían. Nos abrazaron y saludaron con calor, era como la hora del desayuno. A Khady no la conocían en persona, una oportunidad para conocerse de esta otra manera. Dejamos las maletas en la habitación grande. Nos preguntaron si queríamos desayunar. Estábamos hambrientas. «Sí», dijimos.

Nos prepararon un desayuno de reinas, con el hambre que traíamos, les dimos las gracias y esta vez no nos hicieron ir a la habitación y desayunar allí. Era una casa como cualquiera de Barcelona, tenían sofás, inodoro, mesas, habitaciones y un pequeño baño de cortesía, por las urgencias o cuando éramos muchos en casa. El agua ya conocíamos el uso. Yo cuando llegué me confundió; claro, era la ciudad de Dakar, allí se vivía mejor.

Desayunamos y todo nos supo a gloria, no sabíamos bien el hambre que teníamos. Todo delicioso. Ayudamos a quitar de la mesa las tazas y demás, luego Khady y su tía se pusieron a hablar, ellas se entendían bien.

Me acosté un poco en la misma cama, no era prudente dormirse, pues necesitaba estirar las piernas y también ducharme. Así me encontraron las dos; Khady se sentó en la cama, Fatou (era la tía de Aya) nos entrecerró la puerta, tenían que hacer la comida. La suerte de tener una gran galería. Allí estaba el gran bidón de agua potable. Y más cosas, una gran vista a la calle, donde abundaban los edificios, mujeres que colgaban la ropa, era un lugar tranquilo y los niños no se movían de allí, había mucho espacio y su juego favorito: el fútbol.

En su habitación tenía un balcón pequeño, sonó mi teléfono, era mi hermana mayor, me preguntó todo y yo le dije que la rodilla me molestaba bastante. Me aconsejó estirarme en el suelo con una toalla y subir arriba y abajo, doblando las rodillas, cada vez una, para no hacerme un lío, hasta quince, pero me molestaba, aunque a pesar de eso, lo tenía que hacer, el movimiento era fundamental.

Mientras estaba hablando con mi hermana, ella hablaba con Aya, dejé que terminara la conversación. Me senté a su lado. ¿Todo está bien? Y en ese momento se abrió a mí, me contó que la hija mayor de Aya no había hecho caso de lo que su padre le dijo, y dejó a los niños pequeños solos en casa para ir al baile y tardó en regresar. Mira por dónde su padre se enteró por lo niños pequeños.

Por lo visto le confesó a Khady que le había pegado con la correa por ello, yo no podía estar más en desacuerdo sobre estas medidas; así, con miedo, no se conseguía el respeto, sino comprendiendo y hablando sin pegar. Sabía que con el hijo que tenía de soltera el padre del niño no quiso saber nada de ella. Y ahora se volvía a ir, madre soltera, allí en los pueblos todos se conocen y es joven, volvió a pasar lo mismo, lo supe tiempo después, que se había quedado embarazada de nuevo de esa noche, ¿y ahora qué? Khady expresó su opinión, no le parecía bien, lo que llegó a hacer, pues ella no aprendía. Decía que ningún hombre querría casarse con ella.

Khady me confió que cuando Aya visitaba a su primera mujer, hacía el amor con ella y venía otro hijo. Khady dijo que así eran sus costumbres, por eso no cohabitaban juntas, para no verse, pues seguro que se tirarían de los pelos. Lo llevaba como podía, no porque fuera una costumbre tenía que gustarle.

Estuve buscando unas cosas que me hacían falta en la maleta y ella se fijó en un cargador de teléfono que le hacía falta; yo, la verdad, tenía el mío personal, cosa de mi amiga, que me hizo llevar el doble de cosas, por si acaso se perdían. Le dije a Khady que se lo daba, no lo necesitaba. Hicimos lo propio con los medicamentos, tenía doble, cosas como ibuprofeno, Gelocatil, tiritas, Nolotil, analgésico más fuerte para los dolores, alcohol, un desinfectante marrón. Lo guardó todo como si fuera un tesoro, los medicamentos allí eran imprescindibles, pues costaban caros, al no tener sanidad pública. También le dejé alguna pastilla de biodramina, por si la hacía falta para otro viaje.

Esto lo guardaría en mi corazón, ella venció a su miedo por mí, nunca nadie hizo algo tan grande por mí. Le di las gracias, pero no le dio ninguna importancia. Estuvimos un rato más entretenidas. El tiempo se hizo enseguida. Ya era casi la hora de comer, ya no me dejaron sola en la habitación. Comimos todos juntos y los niños también, en la mesa nosotras y en el suelo los peques. Ellas hablaron más, pues el idioma hizo el resto, seguía allí, la joven embarazada estaba estirada en el sofá. Se le notó alegría al reconocerme. «Hola, Manuela». «¡Hola! Creí no verte más —le respondí—, estaremos dos días más». La compañía aérea me había cambiado el vuelo para un día más tarde, salía de Dakar el 6 de abril.

Después de comer y conversar, ayudamos a quitar la mesa. No nos dejaron ayudar a lavar los platos. Así que nos fuimos a pasear a la playa, a Kadhy le gustaban las piedras y yo escuché del niño que cuidaban ella y Aya que le gustaban las conchas, tenía dos, así que tomé nota mentalmente y me dije que mientras estuviéramos en la playa buscaría las conchas más bonitas que hubiera y, si le podía encontrar muchas, mejor. Este joven adolescente era tremendamente bueno, no hablaba mucho, pero peleaba mucho con su hermana, un poco más pequeña que él, le gustaba chincharle y cómo se reían.

Al cruzar la ciudad militar, la playa estaba enfrente, bajamos la pequeña cuesta y allí se sentó en la fila de las piedras y yo baje más al mar. En esto que vi jugando al fútbol a dos hombres con traje de baño, uno de ellos era altísimo, delgado y con unas rastas que le llegaban debajo del culo, las movía como se agitan los gatos para quitarse el agua cuando se mojan, estaba muy bien de cuerpo y no podía quitarle los ojos de encima.

Disimulaba cogiendo conchas, no me quería ir y Khady comenzó a gritar: «Vámonos». Se acercó a mí y yo le hice señas de que mirase en la dirección que le indicaba. Ella me pregunta: «¿Te gusta?» y le contesté que sí, no se le ocurrió otra cosa que llamarle en su idioma y decirle que a mí me gustaba. Me quedé pasmada. Rápido vino a mí. Me moría de la vergüenza. Algo me dijo: «¿Vacaciones?». «Sí, pero me voy mañana». «¿Teléfono?», yo siempre llevaba papel, boli o lápiz por si venía la inspiración. La verdad, escribía con regularidad. Nos intercambiamos los números en dos hojas, una para cada uno con el nombre. Y nos despedimos.

Ella había avanzado un poco en el camino, me tocó seguirla como pude, la alcancé. «¿Por qué has hecho eso? Me has avergonzado». «Pero ¿no te gustaba?». «Sí, claro; me sorprendiste con lo de llamarle a gritos y decírselo». Ella siguió caminando, me dijo: «Ten cuidado con los hombres de raza negra, no son buenos».

Se llamaba Baye Fall, pero ahí todos los hombres se llamaban igual, me enteré después de que hasta que no conocían más a una mujer no le decían su verdadero nombre. Me pareció una costumbre atípica, pero tenía su sentido, el de la confianza.

Seguimos caminando por la acera de la izquierda, al lado del mar, había una zona bastante amplia de tierra hasta llega la calzada, pero había vallas de seguridad. Cerca había unas ferias para niños. Khady quería comprar palomitas para los niños, tener un detalle con la familia. Era un lugar muy amplio y el atardecer venía a saludarnos, las vistas eran extraordinarias. Encontramos una caseta que vendía diversos dulces para niños y palomitas, las de siempre, compró dos conos y se fue contenta del lugar. Nos quedamos mirando el mar, le pedí que me hiciera unas fotos, el aire no daba tregua y los cabellos bailaban.

Muy cerca divisé una tienda de campaña, alguien vivía allí, en el borde del precipicio, su estructura se movía, pensé en lo triste que era. Me preguntaba muchas veces, antes y ahora, desde que África quiso ser mi compañera de vida, qué podría hacer yo por ellos. Después de mi relación con mi expareja senegalesa, conocer de lejos un poco su mundo y ahora que vivía la propia realidad más me quedaba claro, pero no sabía en qué. Cuando volví y enfermé, ni siquiera tenía ningún plan, solo recuperar la salud. Pero me estoy adelantando de nuevo a la historia.

Regresamos a casa, habíamos hecho un gran camino, en mi lugar de residencia lo hacía todos los días, caminar, caminar despeja la cabeza y te mantiene en forma. Al llegar nosotras a casa olía a palomitas, qué contentos se pusieron los niños, seguro que era algo que no ocurría a menudo. Me encantaba la risa, risas por todo, risas para todo, eso es lo que quería yo para mí. Me entristecía tener que marcharme, sin quererlo me había regalado un día más para estar en esta tierra roja y la hospitalidad de sus gentes. Nunca me había sentido tan arropada y envuelta por el calor humano, sus gestos, hacia mí. Es algo que no puedes imaginar, tienes que vivirlo.

Una noche más, procuraba aprovecharla en compañía. Uno de los hijos de Aida, el más pequeño, se quedó encerrado en el baño grande, donde estaba la ducha manual. Lloraba y lloraba, porque la puerta no se abría, suerte que en la parte inferior faltaba un tablón o estaba hecho expresamente, el caso es que el niño por ese hueco arrastrándose no salía. Había desmontado el tirador de la puerta, nada. Así que, agotadas las opciones, optaron por abrirla a golpes. Llamaron a un amigo vecino del edificio, era joven y fuerte, se puso de rodillas y con un objeto contundente, comenzó a astillar la puerta por la parte de abajo, hacer el hueco más grande para que pudiera salir, le costó, pero lo consiguió.

El pequeño estaba asustado, lleno de lágrimas y mocos, pero bien. El joven pasó a darle el golpe maestro, una patada a la puerta y esta cedió de forma fácil. La madre, su tía, todos lo vivían con una normalidad asombrosa, como si fuera algo normal. Pero para mí no lo fue, sufrí por la situación, como madre que soy y mi carácter es de preocuparse mucho, eso me hacía sufrir. Se podría decir que soy una sufridora, mi vida había sido eso, dolor. Es malo pensar tanto y que te afecten en demasía los problemas o dificultades, pues todo ello te puede llevar a enfermar.

Un poco más tarde nos pusimos a hablar entre nosotras dos y la familia, la tía, estaba con una amiga, y también la joven embarazada. Pues menos la joven embarazada, no me acompañaría al aeropuerto por su estado de gestación. Todas coincidían en comer sobre las 14:00 p. m. e irnos a las 15 p. m., y mi vuelo salía a las 17:20 p. m. Cerramos la salida de casa, había que tener en cuenta que el Aeropuerto Internacional Blaise Diagne se encontraba a 50 kilómetros de Dakar y el tráfico.

Había que ordenar lo que habíamos utilizado en esos dos días; fuimos a la habitación, tenía guardadas las conchas y se las di a Khady. «¿Pero no eran para ti?». «No —dije—, son para él. Le he cogido muchas para que no solo tenga dos, seguro que se pondrá muy contento». «¿Y tú qué harás con las piedras?». «Las utilizaré de adorno, nunca sabes si pueden ser útiles para otras cosas», yo le sonreí.

En poco tiempo habíamos hecho amistad, el caso era que ya la quería. Todo lo que la rodeaba, sus renuncias, el gran compromiso con la familia, el amor, tanta responsabilidad hace que todo esté bien, sin estarlo.

Me había dado cuenta durante mi estancia en su casa de que la mujer tiene una vida dura, dejando aparte la pobreza en la que se vivía, lo llevaban con dignidad. Las mujeres lo hacían todo, como pasa en civilizaciones más adelantadas, pero allí la cocina, por ejemplo, es muy rica, su elaboración necesita fuerza, utiliza morteros para moler; también hacen el resto de los trabajos domésticos, que son muchos y variados. Saca agua potable de un pozo, cocina a la antigua usanza, aunque tuvieran cocina. Todo, todo era más duro que en Occidente y siempre están impecables y preciosas para sus esposos. Ellos pueden casarse hasta con cuatro mujeres, siempre y cuando las puedan mantener. Son costumbres de su país, pero no debe ser fácil para ellas, que nunca hablan de los que les pasa.

El hombre, lo que yo vi, claro, en este caso trabaja desde hace años, pero no ayudaba nada en casa, era como si tuviera diferente estatus que su esposa. Cuando se sentaba a la mesa para comer, esperaba a que le pusieran el plato y el cubierto. Ya solo eso me dio una visión de una realidad que vivían las mujeres día tras día, en todas sus facetas. Dale hijos; si tienen muchos, también es un hándicap a la hora de poder prosperar y esto teniendo Aya trabajo, pero tampoco llegaba con cinco niños, que algunos no eran suyos, eran acogidos. Khady, como dije anteriormente, ayudaba en la economía familiar formada por siete miembros.

En casa de la tía de Aya, allí en Dakar, ella se abrió a mí, me contó cosas que de otra manera, no estando sola, podría decírmelas. Comprendí muchas cosas y entendí que me dijera que los hombres de raza negra no eran buenos, con respecto a la mujer. ¿Y quién mejor que yo para constatar esa realidad, por mi experiencia? He de decir que no todos los hombres son malos. Hablábamos en un contexto.

Enamorarse de ellos es fácil, te halagan y tratan como una reina, mientras consiguen lo que quieren. En ese aspecto son iguales a nosotros, por decirlo de alguna manera, pero algunos, no todos, hacen lo que sea para conseguir su sueño. Este siempre es, desgraciadamente, tener los papeles, primordiales para tener el documento NIE; ya pueden trabajar y no vivir en casi la indigencia. El sueño europeo, venir como sea; muchos pierden la vida y los que se consiguen salvar, por la ayuda de las ONG, Cruz Roja, también por Salvamento Marítimo; veo vagar por la ciudad de Barcelona senegaleses con carritos, recogiendo hierro, cobre y lo venden a los esclavistas (no se les puede llamar de otra manera). Les pagan el kilo de hierro a 0,08 céntimos de euro. Abominable, cargando como burros, por unos miserables céntimos.

Al día siguiente, que era el de la marcha de este hermoso país, por la mañana en el desayuno ya se habían cambiado los planes para salir de Dakar. Habían pensado las mujeres que me acompañarían que sería mejor comer a las 13:00 p. m., ya que el tráfico siempre era muy denso en la capital y el aeropuerto estaba muy lejos, no se quedaban tranquilas si no salían más pronto.

Por si surgía alguna eventualidad. Estuve de acuerdo con ellas, fuimos a la habitación a recoger todas las prendas y productos de aseo, tenían que estar guardadas en la maleta ya. Khady se dio cuenta de que llevaba un cargador de móvil. Me dijo que el suyo se había roto y yo tenía dos. Cosas de Blanca el llevar doble de algunas cosas, pero mira, le vino bien a ella.

Estaban cocinando también arroz con pescado; como todo se adelantó, pregunté qué podía hacer para ayudar. Poner la mesa. Ellos tenían sofá y dos butacones alrededor de una mesa rectangular acristalada, más bien baja. Ahí comeríamos nosotras y los pequeños, con un hule en el suelo, igual con la mano de la misma fuente, yo, claro, con mi plato, cuchillo y tenedor.

Me encontraba ya un poco penosa, pues era una realidad que me marchaba, me arrepentí de no haber contratado más días, pero eso era ya un pensamiento absurdo.

Comimos, se recogió la mesa y nos fuimos a vestir, el niño iría con nosotras en el taxi, era muy movido y su madre prefería tenerlo bajo su cuidado. Íbamos Khady, Aida, otra familiar y yo. Ella llevaría al pequeño durante el trayecto. Cuando bajamos de casa y salimos del recinto militar, Aida en plena carretera paró a un taxi, hablaron entre ellos acordando un precio. Este viaje tendría que ser caro, eran 50 kilómetros. Me sabía mal, pero no tenía ni idea de las cuentas del dinero que llevé. Si había llegado o no. No me decían nada en ese sentido. Nos montamos todos en el taxi, después de un tiempo conduciendo, el taxista cuando se lo permitió la circulación nos dijo que tenía que parar para hacer sus necesidades. Me quedé sorprendida.

Se alejó a un lugar resguardado y, como llevaba una prenda que parecía una túnica larga y fresca que le llegaba hasta los pies, lo tenía más fácil. Conducir con ese calor en coches, más bien viejos, no tenían aire acondicionado, seguro que era una tortura durante sus horas de trabajo, también llevaba un gorro acorde con su atuendo.

Durante todo el trayecto yo no hablé nada, miraba el paisaje, el pequeño sí se hacía escuchar, pues quería jugar. De pronto por mi ventana derecha vi árboles desconocidos para mí, eran robustos y sus ramas estaban desnudas de hojas, tenían un aspecto fantasmagórico, la tierra por allí era seca y árida.

Pregunté su nombre. Baobab, el árbol sagrado. Es típico de la flora senegalesa, aunque yo hasta ahora no había visto ninguno. Sus especies endémicas son sagradas para sus habitantes. Es el símbolo de Senegal, lo llaman el árbol de la vida. De él se puede aprovechar todo, sus hojas para comer, usos dermatológicos, contiene mucha agua, además de llevar en la Tierra entre cuatro mil y seis mil años; por lo tanto, es milenario. Semillas, pulpa, tienen proteínas, hierro y suelen alcanzar entre treinta y cuarenta metros de largo. En estos momentos se encuentra en peligro de extinción. Me encantan, aquí en mi residencia existían unos que son distintos a ellos, pero me recuerdan a Senegal. Un poema escrito por mí sobre ellos.

HISTORIA DE BAOBAB

Cuando encuentro un baobab,
hay algo atrayente en él
que me tengo que acercar.
Sus curvas, ramas y hermosas
flores amarillas me llaman.
Voy al encuentro de la historia
de este árbol milenario, mágico,
alto y fuerte. Los recuerdos
se agolpan en mi mente.

Oussouye, mi viaje
a la Baja Casamance, sus gentes,
la familia, Awa.
Tantas bellas imágenes.

Sobre todo, la paz y el amor que sentí.
Me siento feliz de que mi corazón
pertenezca también allí.

Autora: Manuela García Cano, 20/11//2019

El taxi seguía su camino hacia el aeropuerto y en esto que se acerca un coche de la policía senegalesa o de tráfico. Le doy el toque para que se detuvieran con seguridad y así lo hizo. Del vehículo salieron dos policías que le solicitaron su permiso de taxista y conforme, el vehículo estaba destinado a este fin, vaya, que no era fraudulento. Por lo visto pasaba con frecuencia que taxistas que no lo eran hicieran servicios para ganarse la vida, esto lo comprendo perfectamente. Todo estaba en regla y nos dejaron seguir nuestro camino. Eran adustos y casi que daban miedo.

He podido ver alguno en trayectos que hicimos a Ziguinchor. En algunas zonas había que pagar a la policía. A mí se me ocurrió hacer una fotografía. Me vieron y enseguida se acercaron al taxi; después de explicarme que no se podían tomar fotos, me las hicieron borrar.

Sí que hacía calor y, con seis personas en un taxi, aquello era un horno. El taxista, cuando podía, raudo pisaba el acelerador. Ya a lo lejos se divisaba una explanada desierta, pues solo existía el Aeropuerto Internacional de Blaise Diagne, estábamos llegando, tristes, pues eran mis últimos kilómetros al recinto aéreo. Aparcamos en la entrada de este. Habíamos llegado con mucha antelación. Nos bajamos de taxi, vi como una de mis acompañantes habló con el taxista.

Khady me dijo que nos teníamos que despedir allí mismo. Pues el taxi seguía sumando y las llevaría de regreso a Dakar, cosa que me entristeció por la parte afectiva, pensaba que se quedarían conmigo un rato, pero lo comprendía, era muy caro. No obstante, Khady entró conmigo en el aeropuerto, pues quería decirme primero que cambiaría veinte euros por la moneda del país, necesitaba comprar algo y le pidió al joven auxiliar que estuviera pendiente de mí, sobre todo la hora de partida, qué pasillo, que no hablaba francés, etc.; era un joven amabilísimo y servicial. Le comentó al empleado que ella estuviera tranquila, que él se ocupaba.

Cuando nos reunimos todas, ya se tenían que ir, nos abrazamos fuerte, sus ojos estaban brillantes como los míos, le di un beso al pequeño. Me recomendó que estuviera pendiente de la persona y que el equipaje no lo perdiera de vista en ningún momento, que me lo llevara adondequiera que fuera. Asentí y nos dimos ese último abrazo en persona, se dio la vuelta y cerró la puerta tras de sí. La seguí con la mirada, todas entraron de nuevo en el taxi.

En un momento me sentí huérfana y abandonada. Un sentimiento natural después de vivir bajo las alas protectoras de mi familia. Nunca olvidaré lo que allí viví, conocí y amé. Sola ya, el joven me indicó por qué puerta tenía que pasar para entrar dentro del recinto; primero había una cabina acristalada, donde dos policías te pedían el pasaporte que sellaban con el día de tu marcha y miraban mucho si la de la foto eras tú. Todo bien, pasé la puerta. Al otro lado vi unos asientos cerca y me senté en ellos, pues mi rodilla molestaba un poco. Acerqué mis pertenencias a mí, esa maleta grande, menos mal que pesaba poco, y comencé a observar a las personas que estaban o pasaban por los pasillos. Militares vi muchos, jóvenes y qué guapos. Orgullosos de serlo. Rectos, impolutos. Si se encontraban con otro compañero, se saludaban con la mano a la altura de la frente, como en las películas.

Mis ojos se hicieron grandes de ver tanta belleza masculina. Esta clase de hombre no estaba en los pueblos, yo no vi ninguno. No me extrañaba que hubiera tantos militares, un trabajo estable y servir a la patria, consideración, respeto y seguro que un sueldo más que digno. Sus vidas mejores que las de Aya y Khady. Estuve sentada mucho rato. Allí donde me quedé, pero cansada ya, me dediqué a dar paseos cerca de mis pertenencias, aunque estos paseos cerca me hacían daño en la rodilla, era mejor caminar largo. De primeras fui a los servicios, estaban muy al fondo, alejados de todo el ruido y las personas, había un gran ventanal donde podías ver a los aviones en la pista, parados, muy cerca.

Cuando salí, regresé al punto de partida, pero con intención de descubrir el aeropuerto por dentro, aunque todos parecen iguales, siempre hay algo que los diferencia. Todo este tiempo que estuve sola, me encontraba anestesiada contra la pena, irreal, se podría decir. Imagino que mi mente quiso ahorrarme el dolor por la marcha, pero pensé en todo lo bueno que vivimos mi familia y yo. Eso era de gran valor para mí.

Con mi maleta a rastras localicé un quiosco, me llamó la atención, el libro *La Isla de Gore*, ambientado en la ciudad de Saint Louis, su portada con un joven asustado y la negrura que le envolvía. Podías, podía imaginar que era una cárcel, una historia real, como la esclavitud.

Si la hubieran tenido en español me lo hubiera comprado, pero era en francés, que, por cierto, me encanta este idioma. La otra que me encantó fue una tienda que vendía un poco de todo, aunque no tenía suficientes CFA, en ella destacaba un expositor, como típico perchero con brazos, había pequeños baobabs embolsados, con sus raíces y agua, para que lo plantaras primero en casa, pero luego se harían más grandes y tendría que llevarlo a la montaña y dejar que creciera libre. Eran preciosos, por dentro me decía: «Qué lástima no tener suficiente dinero».

Vi también a modo de decoración un gran mural de madera, sencillo, con la imagen de un boxeador muy conocido con una leyenda y lo que aquí sí era distinto a muchos aeropuertos era que tenían una sala para orar para los musulmanes.

El joven personal de tierra estaba pendiente de mí; de vez en cuando volvía al mismo lugar donde él, tendría unos 25 años y con su traje color azul marino estaba muy elegante, aparte de muy atractivo. La verdad es que todos los hombres que vi trabajando en el aeropuerto o militares que volvían de alguna misión tenían un porte impresionante, guapos, guapos.

Estuve un poco más en la zona, cerca, por si me avisaba y llegó ese momento, me indicó el pasillo por donde tenía que ir y mirar las pantallas luminosas donde anunciaban las salidas y las llegadas, la letra del pabellón (A, B, C) y mirar la puerta de embarque que se anunciaba un poco más tarde. Le dije: «Muchas gracias» *(Merci beaucoup)*. No sabía si tenía que darle propina por toda su ayuda, el caso es que como dudaba tanto, no le ofrecí nada. Me dirigí a mi pasillo color azul y las cintas que te guían, haciendo una cola hasta llegar a la revisión de las maletas y al arco de seguridad.

Ya estaba al otro lado, en el del regreso, fui por el pasillo que se bifurcaba en otros pasillos, otras letras, hasta encontrar la mía, la B. Los asientos he de decir que no eran muy cómodos, demasiado curvados para la zona lumbar. No duré demasiado. Un poco más lejos de la sala de espera había también una especie de construcción, que asemejaba un bar, y lo era, me habían entrado unas ganas de tomarme una cerveza. En los once días que estuve en Senegal no bebí ni una gota de alcohol y lo más era que no la echaba de menos y ya saber que volvía a mi vida de siempre, me apetecía una mucha, pero no tenían.

Tuve que esperar a llegar a mi barrio barcelonés. Aún hizo falta más tiempo para que llegara el aviso de embarque. Mientras rememoraba los momentos felices, la sorpresa, los niños, las risas, a Aya y Khady, la gran familia y por supuesto mi cama, que parecía un dosel, y era una mosquitera. Hoy, tres años después, estoy escribiendo esta historia, mis recuerdos siguen intactos, al igual que mi cariño por ellos. «Recuerdo que Aya me dijo, cuando estábamos preparando el viaje a su país, su casa, eres de nuestra familia desde que nos aceptaste en tu corazón». ¿Os dais cuenta de qué fácil es quererlos y difícil olvidarlos?

Antes de salir de casa a mi vuelo, Khady me regaló unos collares de cuentas azules y verdes, eran largos. Además de un pez de madera. Del mismo tamaño que el verdadero. Agradecí su detalle con un abrazo y dos besos. Existía un hilo invisible entre nosotras de cariño.

Se abrió la puerta de embarque, esperaba sentada, pues no tenía sentido hacer fila para entrar si teníamos el número de asiento reservado. Me tocaba turno, me acercaba y a la vez miré atrás para despedirme; «hasta pronto», sonó en mi cabeza. Comprobaron la documentación y el billete, y la rampa nos conducía hasta el propio avión. La maleta, al ser grande, la enviaron a la tripa del avión. Fuimos pasando por el estrecho pasillo, buscando el asiento, lo encontré. Ya estaba, era más que real, en unas cuantas horas estaría en otro aeropuerto y país. El aeropuerto del Prat era más grande que el de Dakar y mucho más ruidoso.

Llegaba envuelta en una nube. Mi amiga Blanca vino a buscarme. Una vez atravesado el aeropuerto de punta a punta, al salir por la puerta grande de Llegadas, ella estaba allí, era la certeza total de que me encontraba en Barcelona. Nos fundimos en un gran abrazo y besos, la quería mucho. Me ayudó con la maleta y me dijo: «Cuéntame», pero no podía contarle mucho en ese momento, pues todavía no había aterrizado, le dije.

No obstante, a su observación de que estaba guapísima le comenté que era por la paz que viví allí. Me duraría poco en ciudades como Barcelona, ruidosas y frías. No se siente calor humano, cada uno va a lo suyo. Me sentía una extraña en mi lugar de residencia, el cambio fue brutal. Es como si te dieran una bofetada para que te despertases. No quería despertar, quería volver.

No podía quejarme, había sido una experiencia única, había ganado una familia y me habían seducido sus habitantes y el país, aunque lo conociera poco. Jamás olvidaría su calidez, hospitalidad, sencillez, risas, risas, muchas risas. Allí nadie te juzga. Allí te abrazan, te arropan con su cariño, que al final se convierte en amor. ¿Verdad que cuesta renunciar a esto?

El autobús llegó a plaza España, allí mismo se encontraba el enlace del metro que nos dejaba al lado de casa. Blanca y yo vivíamos muy cerca, solo nos separaba una calle. Llegamos a destino, me ayudó a subir la maleta, por lo de la rodilla.

El caso es que tenía un cansancio muy grande, me encontraba extenuada. Blanca dijo: «Ya tendremos tiempo de hablar». Contesté: «Sí, solo me apetece acostarme y mañana será otro día». Me abrazó y besó y me dejó sola con mis sensaciones y sentimientos.

Era tal el agotamiento que estuve dos días durmiendo, me levantaba básicamente al baño y a comer algo ligero. Tuve que estar atenta y no olvidar el tratamiento posterior al regreso a casa, las pastillas contra la malaria, tenía que seguir tomándolas durante una semana más, por prevención. La maleta quedó en el salón, no tenía prisa por deshacerla, estaba de bajón. Si hace nada estaba allí. Es como un hola y un adiós.

Ni un día enferma allí, los cuidados y la fe en mi amigo no dejaron que eso sucediera, pues todo había salido bien y me vine con el corazón lleno de amor senegalés. Parece mentira como algo, en este caso un viaje, te puede cambiar la vida y a las personas con las que convives también. Yo era la forastera, la extranjera, pero eso allí no importaba. Importaban los sentimientos, es fácil dar con ellas, las buenas personas, esto yo lo veo a la primera y ellos también. Eso sí, avisé por Messenger de que había llegado bien, para que se quedaran tranquilos.

Mi amigo Aya el día 6 de abril de 2018 quería saberlo todo. Qué me había parecido mi estancia, sus hijos, la gran familia, la pareja. «¿Estuviste bien?». Aún quería quedarse tranquilo. Le escribí diciendo todo lo bueno que me dio toda la familia, que me sentí querida y arropada, siempre. A lo que me contestó: «Gracias, estoy conmovido por oírte hablar sobre el bien de la familia». Siguió contándome que Khady estaba en el barco para llegar a Ziguinchor. «Ella llegará mañana, espero que lo haga en paz y con salud. Khady es una esposa perfecta y me cuida muy bien. No sé cómo agradecerle todo el esfuerzo que hace para satisfacerme. ¿Me ayudarás a hacerle un regalo sorpresa? Tú eres muy amable. Besos».

Habría muchas comunicaciones más. Pues aún continúa nuestra relación de amistad. Por último, acabaré esta historia de descubrir, vivir aventuras y amor por ambas partes, tanto que si puedo me gustaría regresar algún día. Solo me queda darles un gracias desde el corazón.

KHADY

Es muy bella su esposa Khady.
Cuando los vi hace tiempo,
en la foto de pareja en Facebook,
toda ella destilaba amor.

Se les veía cómplices, enamorados,
me alegré de verlos felices, unidos.
Deseo conocerla y poder compartir
un tiempo de nuestro tiempo juntos.

Autora: Manuela García Cano   25/03/2018

Índice